Augmented edition
Transparent Healthcare for partnerships
TOYODA Ikuko

患者と医療者をつなぐ仕事

増補新版

うそをつかない医療

新葛飾病院　セーフティー・マネージャー
豊田郁子

亜紀書房

うそをつかない医療

患者と医療者をつなぐ仕事

はじめに

被害者の私を職員に？

「うちの病院でセーフティー・マネージャーとして働きませんか」

新葛飾病院の清水陽一院長にそう声をかけられたのは、二〇〇四年の七月。医療事故についてのシンポジウムの打ち合わせが終わったときのことでした。

「なぜ、わざわざ被害者の私を病院に迎えようというのか」と驚きました。

私は医療事故で幼い息子を亡くしました。ほんとうに言葉にできないほどの悲しみと怒りを感じました。なぜあの病院に連れていってしまったのか、なぜもっと医師に強く治療を求めなかったのかと自分を責め、息子を死に至らしめた病院を恨みました。

でも、多くの人と出会うなかで、悲しみと怒りのエネルギーで縛られたままではだめだと思うようになりました。医療事故被害者の話を聞き、あるいは自分の体験を人前で話したりして、ようやく少しずつ気持ちが落ち着いてきたころ、清水院長からお話があったのです。

セーフティー・マネージャーは通常、医療安全管理者が担います。医療安全管理者は、正式には医師・看護師・薬剤師にしか認定されません。新葛飾病院は、患者の視点を入れるために、医療安全管理者ではない私をあえてセーフティー・マネージャーとして招こうというのです。

それまで十数年、私は病院に勤めてきました。しかし、私がやっていたのは医療事務です。診療報酬の計算と請求、クラーク（受付やカルテの管理、病棟や外来の事務手続きなどの業務）がおもな仕事で、医療については、何もわかりません。そんな私が、安全管理業務にかかわったりできるのだろうか。そもそも、病院での事故やトラブルの話を聞いて、平静でいられるのだろうか。患者側に同情的になったりしないだろうか。逆に自分が病院側の一員であることを意識しすぎてしまわないだろうかとずいぶん悩みました。

医療に傷ついたけれど医療に救われた

私は小さいときから、原因不明の膝痛に襲われ、よく転んだりしていました。病院を替えても、症状は治まりません。しまいには、教師や両親も「仮病ではないか」と疑うようになりました。こんなに痛くて、苦しんでいるのに、だれもわかってくれないと鬱々として過ごしていたのですが、中学二年生の終わりになって、慶応大学病院でようやく「習慣性両膝蓋骨脱臼」という病気であることがわかりました。治療ができると聞いたとき、ほんとうに救われた思いがしました。そして、高校生のときに手術を二度受け、ようやく普通に歩けるようになったのです。

高校卒業後、医療事務の資格をとるビジネススクールに進んだのは、たぶんこういう経験があったからだと思います。資格取得後は、ずっと医療事務の仕事を続けてきました。

息子を亡くしたときは、病院を恨みましたし、医者や医療界全体に強い不信感を抱き、事故とは無関係の自分の勤務先さえ、信じられなくなりそうでした。

しかし、落ちこんでぼろぼろになった私に手を差しのべ励ましてくれたのもまた、医療者＝職場の仲間たちでした。事故後一ヶ月ほど休職した私を見守り、待っていてくれた同僚。「閉じこもっていたら、あなたがだめになってしまう」と声をかけて、職場に戻してくれた看護総師長。そして、「私が助けてあげたかった」と涙してくれた小児科医。彼らがいなければ、私は立ち直れなかったでしょう。

医療に傷ついたけれど、医療に救われもした。だからこそ見えてくるものがあるかもしれない――転職のお話をもらって考えているうちに、そんなふうに気持ちが切り替わっていきました。

清水院長は、新葛飾病院の院長になったときから、医療安全の担当者に医療事故を経験した家族を採用したいと考えていたそうです。若いころ、身近で医療事故が起こったことから、もう二十年以上も医療訴訟で患者側の依頼を受けて鑑定書を書きつづけるなど、ずっと医療事故問題にかかわってきていました。清水院長が私に求めているのは、患者の視点を病院のなかに持ちこむことだ、わからないことは専門職の人に聞き、連携してやっていけばいいのではないか、と思いました。

被害者の感情を知ってほしい

私は、自分の経験から、医療者側が想像する患者・家族の感情は、実際の気持ちとかなり乖離《かいり》していると感じていました。

たとえば、息子の事故後、私が病院側に望んでいたのは、「何が起こったのかを説明してほしい、もしも過失があったのならば誠実に謝罪してほしい」ということだけでした。

しかし、病院側からはいっさい連絡がありませんでした。こちらから求めたカルテ開示の場では、対応の遅れについて「最善を尽くした」とくり返すばかりで、ミスがあったことも認めません。ところが、内部告発文書がマスコミ宛てに送られ、新聞社が取材をはじめると、その数日後に、病院から「謝罪したい」という電話がかかってきたのです。

悪気があってこういう態度をとったのではないのかもしれません。どう対応していいかわからず、とまどっているうちに後手後手に回ってしまい、結果、遺族のことにまで気が回らなかったということだったのかもしれません。

しかし、そのような病院側の態度は、事故後の私たち遺族をさらに傷つけました。被害者の気持ちや感覚、考え方を医療現場に伝えることができれば、病院の対応はずいぶん変わるのではないか。想像上の被害者・遺族の気持ちでなく、実際の気持ちがわかれば、少なくとも配慮を欠いた対応はなくなるのではないか。

じつは事故後、病院に勤めているにもかかわらず、息子のような事故を防ぐために自分が何ひとつ貢献できないことに、無力感を感じていました。医療安全のための仕事をすることは、息子の死を無駄にしないことにつながるのではとも思いました。

清水院長は、

「豊田さんなら、僕ら医療者より患者に近い目線だと思うから」

とも言ってくれました。

医療のことをまるで知らない私に、この仕事がほんとうにできるかどうかはわからない。でも、行動しなければ何も変わらない。だからまず飛びこんでみようと思い、このお話を受けました。

「事実」をとらえるにも双方の声を聞く

ちょうどそのころ東京大学が行った「医療政策人材養成講座」を受け、二〇〇四年一〇月から新葛飾病院で医療安全対策室のセーフティー・マネージャーとして働きはじめました。

ゼロからのスタートですから、いろいろ学びたいと思い、学習会や講習会にできるだけ参加しました。そこで感じたのは、医療者は事故が起きても、被害者側の声を聞かないまま善後策を検討している、ということです。

学習会では、それぞれの病院の関係者が、どんな事故が起こり、どのような対策をとったか、という報告をしてくれます。事実経過が細かく記されていて、この報告をつくるのにかなりのエネルギーを費やしたにちがいないと感じられるものばかりでした。しかし、そこには、患者側への聞きとりがまったくといっていいほどありません。病院内の関係者だけで「事実関係」「事実経過」をとらえて、だから予防法としてはこうだ、と報告するだけなのです。

何かトラブルや事故が起こったときに、一方の言い分を聞いただけでは事実をつかむことはできませんし、それに基づいてつくられた対策・対応策は現実性に欠けます。その意味で、再発防止や予防のためにも、被害者・家族側の思いや声を病院側、医療スタッフが知ることは重要なのですが、そのことがまだまだ病院側に認識されていないのだと思いました。

私は、被害の経験を持つことが即、医療の安全を語る資格になる、と思っているわけではありません。被害者の意見が絶対で、すべてその方向に医療を変えさえすれば問題が解決すると思っているのでもありません。

ただ、医療者が患者の被害体験や感情を知ることは、事故の再発防止、医療の改善の基本だと考えているのです。

被害者のストーリーはどんなデータよりも強力

あとで詳しく述べますが、アメリカの先駆的な病院では、さまざまな医療安全（ちなみに、アメリカでは「患者安全」と呼ぶ）や医療事故の患者・家族、そして医療者の支援プログラムが、事故体験をもとにつくられています。

私は、二〇〇八年にアメリカを訪れ、ソレル・キングさんとお会いしました。

ソレルさんは、医療事故で幼い娘さんを亡くしました。非を認めた病院が支払った賠償金で基金を創設し、被害者の支援、医療安全対策のためのさまざまな活動をしています。ソレルさんは言います。

「患者・家族のストーリーは、どんなデータよりも強力です。そのストーリーをもとにして、再発防止と患者・医療者双方の心のケアなどを考えていくべきです」

まさにそのとおりだと思いました。

私がお会いした翌年、ソレルさんは著書『Josie's Story』を出版されました。その本はのちに海を渡り、二〇一五年に邦訳『ジョージィの物語――小さな女の子が医療にもたらした大きな変化』（英治出版）となって発売されることになり、私は次のような「日本語版への序文」を書かせていただきました。

（前略）ほとんどの人が何らかの形で関わる「医療」について、あまり知られていなかった大きな問題を広く伝え、共感を呼んだだけでなく、多くの医師や看護師の行動を促し、また多くの患者やその家族の人々が、医療との向き合い方を問いなおすことにもつながりました。ひとつの物語が社会に大きな動きを生み出したのです。

私自身も、彼女の本を読んで改めてたくさんのことに共感し、たくさんのことを教わり、たくさんの勇気をいただきました。

だれが当事者になっても不思議はない

みなさんは、自分や自分の家族が医療事故に遭うかもしれないと思ったことはありますか。じつは、今、医療事故は、交通事故よりずっと多いと言われています。過酷な条件のなかで一生懸命がんばっている医療者のだれが事故を起こしても不思議ではない状況なのです。

医療事故は被害者と医療者双方に大きな心の傷を残しますが、その傷を最小限にとどめたい。

セーフティー・マネージャーの仕事に就いてから、ずいぶん試行錯誤しました。医療安全という幅広い領域のなかで、医療について素人の私に求められているのは何か、私にできることは何なのか……。仕事をしていくなかで、まず患者・被害者の声を医療者に伝え、患者と医療者とのコミュニケーションを促す必要があるということ、そしてそのコミュニケーションをどうつくっていくか、その方向を示し、手助けしていくのが私の仕事であり、医療安全につながっていくのだと考えるようになりました。

本書ではまず、私が患者・家族として経験したことをもとに、遺族がどういうときに、何を感じるのか、ということを詳しく述べていきます。

そのうえで、セーフティー・マネージャーとして、医療事故にどう対応していくか、患者・家族と医療者とのコミュニケーションをどうつくっていくか、まだまだ試行錯誤しているところですが、現段階で考えていることをまとめました。

なお、本書では医療事故に関して、基本的に、医療者側を「加害者」とは呼ばないようにしています。悪質な場合をのぞき、医療者に故意はなく、被害者と加害者という対立関係でとらえたくないと思っているからです。ただし、文章の都合上、一部、加害者という表現を使わざるをえなかった部分があることをお断りしておきます。

医療者と患者・家族の関係の結び方

二〇一〇年に『うそをつかない医療』が出版されて六年の月日が流れました。このたび増補新版という形でこの本をふたたび世に送り出すことになり、当時書いた内容をあらためて読み返してみると、その間に自分の中で大きな変化があったことに気づきます。

前項にあるとおり、当時は、医療者側を「加害者」と呼びたくないと書いていますが、いまの私はそれに加えて「被害者」と名乗りたくない、という思いを持ちはじめています。

ＭＩＴＳＳのリンダ・ケニーさん（二〇二頁参照）や医療事故に遭った患者や家族の方々から直接聞いた話ですが、彼らはこう言うのです。「医療者の人たちとは対立関係にあると考えていないから、自らを被害者とは名乗りたくないんです」

当時の私は、理屈としては共感したものの、自分のことを被害者と呼ぶのはやめようとも、やめたいとも思えませんでした。

では、いつ、どの時期から、そう思えるようになったのでしょうか。

はっきりとしたことはいえませんが、息子を亡くしてからの一三年の年月の中で起きた出来事や、さまざまな医療者の方々との出会いと対話のなかから、少しずつ変わっていったのだろうと思います。

そこで、増補新版を編むにあたり、新たに書き加えた部分については、基本的に「被害者」という表現ではなく「患者・家族」といった書き方にしています。それ以外(二〇一〇年発行版の本文中)で「被害者」と記していた箇所の一部については、あえて修正は加えずそのままにしてあります。ご了承ください。

とても大きな変化

この六年間のあいだに、新しい取り組みや制度がいくつか生まれました。

大きな出来事のひとつは、二〇一二年四月の診療報酬改定であらたに組み入れられた「患者サポート体制充実加算」です(二〇九頁参照)。医療機関の入院患者を対象として、院内での患者相談窓口や患者支援全般に関する院内体制の充実をめざして設けられた加算で、現在は約三五〇〇の医療機関がこの加算の届出を行っています。

二〇一三年一月には、厚生労働省から業務指針が示され、患者の相談・支援の役割を担う者は「医療対話推進者」と名づけられました。この業務指針が作成される過程で、これまでの実績を参考にしたいと研究会「架け橋」へ依頼があり、平成二四年度厚生労働科学特別研究事業「医療対話仲介者（仮称）の実態把握と役割・能力の明確化に関する研究班」からヒアリングを受けました。

それ以降、私自身も新葛飾病院で医療対話推進者として働いています。研究会「架け橋」（一六二頁参照）で行っていた患者支援員養成研修は、二〇一二年四月にNPO法人化した「患者・家族と医療をつなぐNPO法人架け橋」に移管され、現在はおもに「医療対話推進者」の養成と普及活動に努めています。設立当初の医療対話推進者研修は、定員（四〇名）に満たないこともありましたが、「架け橋」が知られるようになってくると申し込み数が増え、いまでは定員を満たすようになりました。

ふたつ目の変化は、二〇一五年一〇月に「医療事故調査制度」が開始されたことです。

厚生労働省は、この制度の基本となる死因究明等のあり方について二〇〇七年から検討を続けてきました。しかし、政権交代などによって議論はいったん止まってしまい、医療事故調査機関の早期設立を願っていた患者・家族側は大きなショックを受けました。

それでも、ここで流れを終わらせてはいけないとの思いから、これまで医療の安全について改善を求めてきた五つの市民団体がひとつになり、二〇〇八年に「患者の視点で医療安全を考える連絡協議会」（以下、患医連）を設立し、署名活動などを通して、患者・家族の声を上げつづけました。

現在、そしてこれからの願い

患医連は、医療事故調査制度が開始されたいまも、より良い制度になることを願って、代表、副代表、そして患医連を支える弁護士の方々を中心に署名活動を続けています。

「架け橋」では、医療従事者や医療機関が、まずはこの制度に関する情報や知識を持つことが重要と考えました。そこで二〇一五年一〇月、本改正医療法に基づく院内・

外の事故調査制度について調査研究し、ガイドラインやマニュアル作成にかかわられた方々をお招きして「医療事故調査制度の説明会」を開催しました。

会場となった東京大学の伊藤謝恩ホールには、三〇〇名近くの方が参加され、原因究明のための事故調査の手順、患者・家族への説明、再発防止の大切さなどについて、講義と質疑を含めたディスカッションを通して共通認識を確かめることができました。参加者と主催者側の双方にとって、有意義な学びになったのではないかと思います。

このような積み重ねから、いまでは「架け橋」のホームページ閲覧数も増え、活動に関する問い合わせも多くなってきました。少しずつではありますが、「架け橋」の理念でもある〝患者・家族と医療従事者の双方を尊重する〟ことの大切さに賛同する方が増えてきていることを実感しています。

二〇一四年、ひとつの病院内で短期間に複数の死亡事例が続く医療事故報道がありました。私はそれらの報道を見て胸を痛めていましたが、ある日、千葉県病院局から依頼がきて、「千葉県がんセンター腹腔鏡下手術に係る第三者検証委員会」の委員を引き受けることになりました。

この委員会は、客観的・専門的な立場から原因を究明し、医療の安全性・有効性の向上と再発防止を図り、患者が安心して医療を受けることのできる体制を構築するための課題を明らかにすることを目的としています。

当初は内部告発が大きく取り上げられ、きちんと対応しているように見えない病院に憤りさえ感じていましたが、その後、委員会に患者の立場を代表する委員が複数加わり、この病院が事故に向き合い、再発防止の取り組みに尽力する姿をじかに見ることができました。

委員会は二〇一四年七月に設置され、翌年七月までに一〇回開催し、最終報告書がまとまりました。この過程で、いつしか私自身も多くのことに気づかされ、再発防止の大切さを改めて学びました。

二〇一六年初頭、WHO（国際保健機関）西太平洋地域事務局と日本の国立保健医療科学院が共同で、途上国を支援する日本での患者安全研修を企画しました。その際、新葛飾病院と私に、取り組みの紹介や院内見学への依頼があり、三月一六日の午後に実現の運びとなりました。

この研修の対象者は、カンボジア、ラオス、モンゴル、ベトナムの四ヶ国からきた

患者安全研修のために新葛飾病院にお越しになったアジア各国の方々と

病院の医師、看護師の方々と行政官で、専門家としてはマレーシア、香港、シンガポール、オブザーバーとしては韓国からもお越しになりました。企画の指揮をとられている元WHO西太平洋地域事務局患者安全専門官で、国立保健医療科学院の種田憲一郎医師からは、大きく次の四点について説明してほしいと言われました。

私自身の事故の経験、院内で取り入れている患者の視点、患者・家族と医療従事者をつなぐ仕事の具体的内容、そして小規模で資源が限られる病院が実際に行っている、医療安全対策委員会などでの実践やその方法です。

当初は大変緊張しましたが、参加された医師や看護師のみなさんはとても親しみやすい方ばかりで助かりました。質疑応答の時間にはたくさんの問いが寄せられ、少しでも多くのことを学ぼうとする彼らの意欲的な姿勢にとても感動し、ここでも私は多くのことを学ばせていただきました。

息子が医療事故に遭ってからのこの歳月は、自らの経験で感じたことを少しずつではありますが社会に伝え、そして形にしていくことができた時間だったと思います。

ここからも、それらの質を高めていきながら、それが当たり前になる文化を根づかせていくために、私もその一端を担っていきたい、と考えています。

まだまだ未熟者ですが、みなさんの力をお借りしながら、諦めず一歩一歩前を向いて進んでいきたいと思っています。

本書をお読みいただき、医療事故について、患者・家族と医療者との関係づくりについて、いっしょに考えていただければ幸せです。

目次

第3章 病院の文化をつくる

第1章 被害者の気持ちを知る

Augmented edition
Transparent Healthcare
for partnerships
section 1

息子を失ったとき

はじめての「お泊まり」へ

理貴《りき》は私の二番目の子どもです。「機関車トーマス」が好きで、ガンダムの絵本が好きで、イチゴにミルクをかけるのが好き。私が働いていて保育園の送り迎えをおもに母がしていたので、おばあちゃん子でした。

その理貴が亡くなったのは二〇〇三年三月九日のこと。まだ五歳二ヶ月でした。理貴は、その二日前、三月七日に、夫の実家に三歳上の姉といっしょにお泊まりに行っていました。理貴にとってはじめてのお泊まりで、いとこも来ることになっており、理貴はとても楽しみにしていました。

亡くなる前日

三月七日は金曜日。保育園から帰って実家に行き、九日の日曜日までそこで過ごす予定で、子どもたちは実家に出かけました。

ところが、九日の明け方、三時半に電話が鳴りました。義妹からです。

「理貴が『おなかが痛い』って泣き叫んでいるの。どうしよう」

電話の奥からは、聞いたことのないような息子の泣き叫び声が聞こえてきます。慌てて夫と実家に向かいました。十数分後に私たちが到着したときには、泣き叫ぶ状態ではなく落ち着いているように見えましたが、顔は土気色、唇は真っ青でチアノーゼを呈していました。これは普通ではないと感じました。

向かったのは、葛飾区の中核病院です。二四時間の小児救急体制をとっており、以前、理貴は入院したことがあるのでカルテもあります。迷うことなくその病院に向かいました。

四時五〇分ごろ病院に着くと、小児科の当直医が息子を診てくれました。疲れているのか、なんだか迷惑そうな感じで淡々と診察し、看護師に浣腸の指示を出しました。看護師とのやりとりを見ていて、私は当直医の横柄な態度が気になりました。

浣腸が終わると、小さなコロコロの便がふたつ出ましたが、顔色は変わりません。でも、理貴は病院が怖くてたまらなかったようで、「もうなおったからかえる」と言います。先生も「大丈夫でしょう。帰ってもいいですよ」と言うので、不安を感じながらも帰宅することにしました。

家に着いたのは五時半ごろ。寝不足で疲れているからすぐ眠るだろうと思ったのですが、息子は身の置きどころがないという感じで、横になっては寝返りを打ち、起き上がってはまた横になるということをくり返しました。そのうち、肩で呼吸をしはじめました。よくなるどころか、むしろ顔や唇の色はどんどん悪化していくように見えます。がまんできずに、病院に電話をしました。

先ほど救急外来で対応してくれた看護師が電話に出てくれ、「そういう状態だったらもう一度診てもらったほうがいいわね」ということで、再度病院に向かいました。

募る医師への不信感

病院に到着したのは七時半。先ほどの看護師が、息子を診察室のベッドに寝かせてくれました。理貴の洋服をめくっておなかを見た看護師は、とても驚いた様子で、「お母さん、いつもこんなにおなか張っていますか？　私にはすごい張り方をしているように見えるんだけど……」

と言います。見て、私もびっくりしました。おなかが、パンパンに膨らんでいるのです。

看護師ふたりが慌てた様子で、すばやく血圧計とサチュレーションモニター（動脈の酸素飽和度を測る器具）をつけ、理貴から目を離さず、測定しています。看護師たちのあわただしい動きに私は不安を覚え、一刻も早く先生に来てほしい、と思いました。看護師も、先生に何度も「急いで来てください」という連絡をしてくれていたようです。

七時三七分「かなり顔色、口唇色悪く、腹満著明で来院されました。待てそうにないのですが……」
「何を考えているんだ。いいから待たせておいて。病棟処理中とか言ってサ」
七時四〇分「先生かなりつらそうです。すぐ診ていただけませんか」
「いいから待たせておいて」
七時五〇分「先生、お腹はってる子、かなりつらそうなんですが」
「今、顔洗っているから……」

のちに届いた内部告発文書によれば、当直医と看護師のこんなやりとりがあったようです。

ようやくやってきた当直医は、一度目に来たとき同様、億劫そうに、レントゲンとCTの指示を出しただけ。息子の顔色を見ることさえしません。

レントゲン写真ができ上がり、「ガスがすごい」ということで、もう一度浣腸をし、採血検査をしました。その際、のどを見ようと当直医が舌圧子《ぜつあつし》を舌にあてたところ、その刺激で息子は多量に嘔吐しました。

時間はもう八時半過ぎ。点滴を開始し、診察室の隣にある観察室に寝かされた理貴は、自宅にいるときと同じように、身の置きどころがない感じで、ベッドの上でしきりに体を動かしています。もう便が出ず、浣腸液がタラタラと漏れ出てくるので、おむつを借りてあてていました。

夜勤の看護師と交代したばかりの日勤の看護師は、なんとなく夜勤の看護師ほどには危機感を感じていないようでした。

息子は「ジュースが飲みたい」と何度も言いましたが、飲食を禁止されているため、ガーゼに水道水をしめらせて唇にあててあげることしかできません。こんなに苦しんでいるのに、どうしてあげることもできない――不安でたまらないいま、私たちは二時間あまり待ちつづけました。

ようやくやってきた当直医は、

「血液検査の結果は、とくに異常ありません」

とだけ、言いました。続く言葉が何もないので、不安になってじっと見つめていると、

「でも、このままではお母さんも心配でしょうから、入院させますか」

私は、その言い方に、ますます不信感を抱きました。看護師があれほど危機感を感じている様子でいたのに、「お母さんも心配でしょうから」という程度に受けとめているのはおかしいのではないか、と。

それに、最初に来たときから当直医は、いっこうにきちんと診てくれていません。ろくに顔色も見ず、理貴が苦しがっているのかどうかを知ろうともしません。

病院を替わったほうがいいのかもしれない……という考えが、頭をよぎりました。でも、日曜日の朝、小児救急をやっている病院が簡単に見つかるはずがないことは知っていました。病院が見つかったとしても、転送している間に容態が悪化してしまったら取り返しがつかないと思いました。

「もう夜勤帯から日勤帯の時間に変わる。入院すれば、この先生でなく、日勤の医師が診てくれる」。私はそう思い、「入院させてください」とだけ答えました。

当直医が書いている「入院診療計画書」を横目で見ると、そこには「急性胃腸炎の

疑い、麻痺性イレウスの疑い」とありました。当直医は病名を口にしていませんが、不信感があった私は、それを確かめることができませんでした。もうすぐ日勤の先生に聞ける、そこで説明してもらえばいいと思いました。

着替えを取りに戻った間に

病棟に移って、理貴がベッドに寝かされたあと、病棟の看護師から「入院診療計画書」による簡単な説明があり、ここでようやく「麻痺性イレウスの疑い」だと聞かされました。

病棟の看護師はとても親切な感じの人でしたが、やはり救急外来の看護師のような危機感は持っていないようでした。そのことが私には不安でした。

理貴は病院にいることが怖くてしかたがない様子で、「りき、おとまりしないよ」と、か細い声で訴えていました。

「痛くないの？　苦しい？」

「いたくないよ、きもちわるくないよ」

「ほんとうは痛いんでしょ？」

「いたくない。ジュースのみたい。おうち、かえりたい」

「明日になれば飲めるからね。今日はがまんしてママとお泊まりしようね」

つらそうでかわいそうで、それ以上どう声をかけてあげたらよいかわかりませんでした。


一二時になっても、日勤の医師は来ません。

このころから少しずつ、息子の反応が弱くなっていきました。心配になった私と母は、理貴に何度も話しかけました。意識ははっきりしているものの、ぐったりしています。

入院から一時間半ほどたったころ、私は自宅に着替えを取りにいくことにしました。いまは息子のそばを離れられる状態ではない、と思っていたのですが、看護師から「着替えを持ってきてあげてください」と何度も言われていて、実際、理貴のパジャマはおむつのすきまから漏れた浣腸液で濡れてしまっているし、入院の準備を何もしてこなかったので、一度は家に戻らなければなりません。

迷ったのですが、母が理貴のそばについていてくれるというので、私が着替えを取りにいくことにしました。

ナースステーションに行き、

「母が付き添っているので、着替えを取りにいってきます。でも、おなかの張りも相変わらずひどいし、点滴をしているのに、いまだにおしっこが出てないことが気になるので、先生に伝えていただけますか」

「わかりました。きちんと看てますし、先生に伝えますから、お母さんは気をつけて行ってきてくださいね」

看護師がそう答えてくれたのでほっとし、夫の車で大急ぎで家に戻ったのです。

バタバタと着替えをそろえ、病院に行こうと玄関まで来たときに、電話が鳴りました。

「理貴が大量に血を吐いて意識がないからすぐに来て！」

叫ぶような母の声が受話器から聞こえました。

目の前が真っ白になり、何がなんだかわからないまま、病院に駆け戻りました。

理貴は、急変して、ベッドごとナースステーションに移動していました。先ほどとは打って変わって、廊下もナースステーションのなかも、驚くほどたくさんのスタッ

フがバタバタと出入りしています。看護師だけでなく、検査技師、放射線技師もいました。声をしぼり出すように、

「理貴の母です。いま来ました」

と言うなり、私はその場に座りこんでしまいました。

人がばたばたと動きまわるその間から、医師が理貴に心臓マッサージをしている姿がちらりと見えたのです。

看護師がそばへ来て、「先生が説明しますので、少しお待ちください」と言いましたが、その声は遠く、夢の中で聞こえる声のように現実感がありません。

なんでこんな状態になってから、こんなにたくさん人がいるのだろう……。ほんのちょっと着替えを取りに戻った間に、どうしてこんなことに……。

混乱している私の前に、日勤の医師がはじめて現れました。

「お子さんは、嘔吐してショック状態になり、心不全を起こして一時心臓が停止してしまいました。しかし、心臓が動きはじめました。まだ腸がねじれているかつまっている状態なので、すぐに手術をしないと危険ですが、ここでは手術ができないのです。いま大学病院の小児外科に頼んでいます。そちらから返事が来るまでお待ちください」

「お願いします！」と私たちは頭を下げました。どんなことがあっても理貴を助けてほしい、頭の中はそれだけでした。

二時間の心臓マッサージ

しかし、医師が息子のもとに戻った直後、また心臓マッサージがはじまりました。医師が大学病院と電話で話す声が聞こえてきます。

「また心臓が停止してしまいました。そちらに搬送できる状態ではありません」

時間がどのくらいたったのかも、わかりません。あとから聞いたところ、三〇分ほどたっていたようです。再度、医師がやってきました。

「心臓がまた停止してしまいました。この状態では大学病院に運べません。薬も使って最大限の努力をしていますので、もう少しお待ちください」

けれど、さらに四〇分ほどたったとき、医師にこう告げられました。

「心臓マッサージにも薬にもまったく反応がありません。あと三〇分、三人の医師でマッサージを続けますが、それ以上続けても望みはありません。申し訳ありませんが、ご了承ください」

三〇分はすぐに過ぎました。

もう二時間も心臓マッサージを続けています。だから、素人の私にも、もう助からない状態だということはわかりました。でも、それを受け入れることができません。医師の手が動かなくなるまでマッサージを続けてほしいと思いましたが、それを言葉にすることもできません。

母が連絡したようで、病院には私の友人たちが駆けつけてきていました。私を見かねたのでしょう。友人のひとりが、

「理貴のそばに行こうよ。行かないと受け入れられないよ」

と言いました。私が泣きながらうなずくと、友人は医師に「病室に入らせて、そばに行かせてあげてください」と頼んでくれました。医師は了承してくれましたが、私は足が動きません。友人と看護師が私の体を支えてくれました。

ベッドの上の理貴は、とても小さく見えました。小さな理貴の体が、医師の大きな手で何度も強く押されています。理貴の肋骨が砕けちゃう――とても見ていられるような姿ではありませんでした。

「かわいそうだから、もうやめてあげようよ」

同じように思ったのでしょう。友人が泣きながらそう言いました。

夫も母も泣いています。医師は私を見ることもできないようでした。

「……もういいです」

私の口からその言葉が出ると同時に、医師は手を止め、途端に心電図モニターの波形がツーっと一本の線になりました。そのフラットな状態を見た瞬間、私のひと言でこうなった、私がわが子を死なせてしまったのだ、と思いました。

新聞社に届いた内部告発文書

霊安室に集まってきた病院のスタッフたちは、みな蒼白な顔をしていました。遅れていた私の父が到着し、「理貴……ありえないよなあ」と泣き崩れると、数人の看護師が号泣しはじめました。父の涙を私ははじめて見ました。

入院してわずか数時間で亡くなったために、病院は警察に届け、翌日、行政解剖を受けることになりました。

私も家族も何もできる状態ではなく、葬儀は親戚、友人たちが準備をしてくれました。

お通夜の日は、ちょうど理貴の保育園の遠足の日でした。「お弁当を飾りましょうか」と葬儀場の方に言われ、なんとかお弁当をつくりました。そのお弁当と理貴が好きだった機関車トーマスが会場の一隅に置かれました。

葬儀が終わっても、何をする気にもなれません。仕事を休み、泣いてばかりいました。

わが子の死がなかなか受け入れられないというのは、当たり前のことなのですが、私の場合、病院に行って数時間で亡くなったことに納得がいかないということもありました。

当直の医師に抱いた不信感、病棟で看護師は理貴をしっかり看ていてくれなかったのではないか、日勤の医師はなぜ一度も来てくれなかったのか、最後のときのスタッフの動揺は何だったのか……。

理貴がなぜ死んでしまったのか、それだけは知りたいと思っていました。でも、何らかの説明があるはずと思っていた病院からは、一ヶ月たっても何の連絡もありません。

もしかしたら、私たち遺族がすごく怒っていると思っていて、病院のほうから連絡を取りにくいのかもしれない――病院で働いてきたせいか、そんなふうに思いました。責めるとかそういうことではなく、ちゃんとした説明が聞きたいと思っているだけだということを伝えたほうがいいかもしれない、と考えはじめたころのことです。突然、新聞社から電話がかかってきました。

「息子さんのことで、内部告発文書が届いています」

朝日、読売、毎日の三社に、三月一九日付の消印で、「息子さんが亡くなったのは病院側のミスだった」という内部告発文書が届いたというのです。

驚きましたが、「やっぱり、そうだったんだ」と思いました。

「最善を尽くした」とくり返す病院

ただ、取材を受けて、息子のことが公になることにはためらいがありました。病院を責めたいわけではないのです。納得のいく説明をしてくれ、ミスがあったのなら謝罪してくれればそれでいい、と思っていました。

「内部告発があるくらいなのだから、病院はちゃんと説明してくれるだろう」

そう考えて、新聞社からの取材はいったん、お断りしました。そして、とにかくまず説明を聞きたいと、病院にカルテ開示を求めました。

四月一四日に、母とともに病院を訪ねると、病院長・医事課長・小児科部長が対応してくれましたが、カルテに記載されている項目を、小児科部長がただ順番に事務的に説明していくだけなのです。

「死因は何だったのでしょうか」と問うと、「行政解剖の結果は病院に報告されないのでわかりません」。「対応の遅れについての認識はないのでしょうか」と言うと、「当直医は最善を尽くしたと申しております」と言います。

そして、「対応の遅れについて、ほんとうに認識はしていないのですか」と言う私の再度の問いに、強い口調で「これ以上は第三者に判断していただかないとわからないかもしれませんね」と言うのです。

それを聞いた母は、その場で泣き崩れました。

母は、私が着替えを取りにいっている間、ひとりで理貴に付き添っていました。

その間に、理貴が口から茶褐色の液体を吐いたのです。驚いた母は、唇についたその液体をすぐにガーゼで拭きとって、「こんなものを吐いたんですけど」と病棟の看護師に走って見せにいきました。

すると、看護師は、「あら、出ちゃったのね」とガーゼを受けとりましたが、上司の看護師に伝えはしたものの、理貴の様子を見にくることも、医師に伝えることもしませんでした。医師か看護師が処置をするために来てくれるだろうと、母は病室に戻って震えながら待っていましたが、だれも来ません。そして三〇分後、理貴は口と鼻から大量に茶褐色の血液を吐いて、心肺停止状態になったのです。

ひとりでそんな状態を経験した母は、ある意味で私以上に傷ついていたのだと思います。

そんな母を前にしての病院側の態度に、私ははじめて許せない気持ちを持ちました。

そして、新聞社の取材を受けようか、と考えはじめました。

取材を受ける決意

まず、記者に頼んで、内部告発文書を見せてもらいました。

レントゲン上、明らかな大量のガス像があるにもかかわらず、イレウスを疑い、外科医や大学病院への依頼を行わなかったのは、A医師の診断ミス・職務怠慢である。それから、約二時間半後に入院となり、約二時間後に心肺停止となった。

その間、腹部膨満に対する治療は行われなかった。A医師は当直明け後、引き継ぎの小児科医師へ、的確な申し送りを行わないまま帰宅した。心肺停止時、引き継がれた小児科医師が駆けつけたときにはすでに、臍周囲に皮下出血があった。心肺停止するまで、A医師以外の医師へ連絡をとらなかった看護師も看護判断ミスである。蘇生が行われたが、一六時一〇分ごろ、永眠された。

助かったかもしれないはずの命が、奪われたことがとても無念である。そして、それは未来ある五歳の男の子の命である。

状況報告書

記入者：B

発生日時：平成15年3月9日7時35分	診療科：小児科	当直医師：A
患者氏名：豊田理貴	年齢：5才	主訴：腹部膨満

【経過】

3/9

4：55　3時頃から腹痛を訴えているとお母さんに抱っこされ直来される。以前便秘した時と同様の症状。浣腸して改善されたことがあるとお母さんが言う。GE40mℓ施行。反応便中等量（血液混入なし）。GE施行後腹部膨満軽減にて帰宅となる。

7：15　お母さんよりTelあり。帰宅後も腹痛は訴えないが、じっとしていられない様子で頻回に寝返りをうち、とても顔色悪くなったとのこと。

Nrs. B（注・記入者のこと）は、4：55に来院した時、顔色不良、腹満であったことを思いだし「すぐ来て下さい。」と話す。

7：37　来院され、直来された時より腹部膨満著しく、顔色、口唇色不良も著しくすぐDr. A（注・当直医のこと）コールする。

Nrs. B「かなり、顔色、口唇色悪く、腹満著明で来院されました。待てそうにないのですが…」

Dr. A「何を考えているんだ。いいから待たしておいて。病棟処理中とか言ってサ」でTEL切れる。

7：40　Nrs. B、Dr. Aコール。「先生、かなりつらそうです。すぐ診ていただけませんか」

Dr. A「いいから待たせておいて」とTEL切れる。

7：50　Nrs. C（注・記入者と別の看護師）、Dr. Aコールで「先生、お腹はっている子、かなりつらそうなんですが？」

Dr. A「いま顔洗っているから……」

Nrs. C「それが終りましたらすぐお願いします」とTEL切れる。

7：55　Dr. A、救来に来られる。腹X-P、腹CT、採血、Div施行し、採血の結果待ちとなる。診察中に2〜3回多量の嘔吐あり（吐物、テステープで潜血卅、Dr. Aに報告する）。重症と考えNrs.は、外科医へのコンサルトや大学HSPへの紹介など、Dr. Aに話すが、観察室にて様子みることとなる。

重症患者への迅速な対応をしていただきたく、報告させていただきました。

資料1　内部告発書に同封されていた病院の内部資料

現在もA医師は、反省する様子なく、当直・外来診察・入院担当などの業務を行っている。このままでは、新たな犠牲が出る可能性がある。又、このような状況を放置している病院管理者にも問題がある。ご両親へは、このような事実が伝わっているのか分かりません。もし、この告発がご両親を、さらに傷つけることになるとしたら、大変、申し訳なく思います。

最後に、理貴くんのご冥福をお祈りします。


こんなひどいことが起きていたなんて――読んだあと、私は取材を受けることを決めました。理貴がなぜ死ななければならなかったのか、その理由がどうしても知りたいと思ったのです。

急いで専門医にカルテを見てもらいたいと思いました。

「とりあえずカルテなどの資料を専門医に見てもらって、『これは過失があるとはいえない』ということだったら、もちろん記事にもしません。でも、もし問題があるということがわかったときには、記事にすることも考えていただけませんか。すべての取材が終わって、それでも記事になるのはつらいから、出したくないということなら、その時点でやめます。ご家族を傷つけてまで記事を出したくはないですから……」

新聞記者にそこまで言ってもらい、とにかく専門医の先生の意見が聞きたい一心で、カルテとCT、レントゲン写真を記者に渡しました。

小児科と小児外科、放射線科の専門医が、「これは非常に問題があるのではないか」「これだけガスがたまっていたら、他科との相談や手術の検討に入るべきだ」という意見でした。

遺族に説明も謝罪もないまま

五月一五日、記者から、「病院側にも内部告発があったことを話し、報道しますと伝えました」という電話がかかってきました。

すると、その数日後、「ご自宅にうかがいたいのですが」と病院のほうから連絡がきたのです。

翌週、病院長・小児科部長・副院長・医事課長が、自宅を訪れました。

このとき、私たち遺族は、病院への不信感が強くなっていて、誠実な対応をしてもらえるとはとても思えず、できれば会いたくないと思いました。それでも、相手の話を聞かなければ、と自分に言い聞かせ、しかたなく会うことを承諾しました。

しかし、彼らの口から出たのは「結果的にお助けできず、申し訳ありませんでした」という遺憾の意を示す言葉だけでした。対応や引き継ぎや、そういう具体的なことについては、まったく触れません。すべて調査中という返答でした。

彼らの言動は、私にはどうしても言い訳をしているようにしか思えず、まったく理解できませんでした。

謝罪ではなく、ただのお悔やみではないか、ごまかそうとしているのではないか、と感じました。

六月一日、朝日新聞に社会面のトップニュースとして、「腸閉塞を放置　男児死亡」という記事が出ました（資料2参照）。

東京都内の病院で今年3月、5歳の男児が亡くなった。腸がねじれて急激に悪化する腸閉塞《へいそく》だった。苦しむ子が病院に運ばれたのは朝。家族や看護師は何度も「早く診て」と訴えたが、当直医は「待たせておいて」と放置した。容態が悪化するなか、日勤の医師も昼過ぎまで、一度も病室を訪れなかった。小児救急の充実をめざす病院で起きた出来事だった。
（「朝日新聞」二〇〇三年六月一日付）

再三訴えやっと診察　その後数時間診ず

腸閉塞を放置　男児死亡

東京都内の病院で今年3月、5歳の男児が亡くなった。腸がねじれて急激に悪化する腸閉塞《へいそく》だった。苦しむ子が病院に運ばれたのは朝。家族や看護師は何度も「早く診て」と訴えたが、当直医は「待たせておいて」と放置した。容体が悪化するなか、日勤の医師も昼過ぎまで、一度も病室を訪れなかった。小児救急の充実をめざす病院で起きた出来事だった。

葛飾・東部地域病院

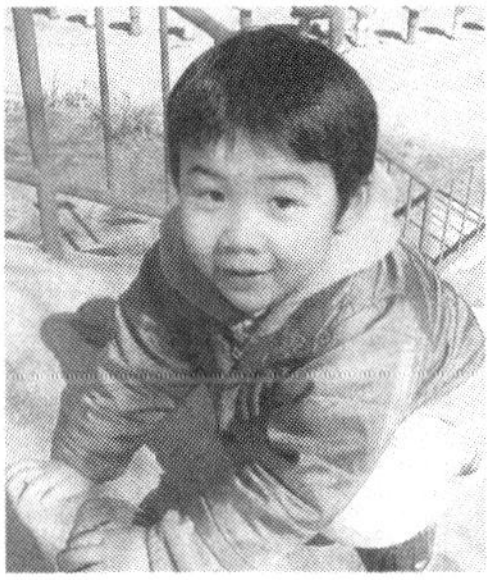
亡くなる前日の土曜日、公園で遊ぶ理貴ちゃん＝家族提供

腹パンパン　顔真っ青
医師「待たせといて」

東京都葛飾区に住む保育園児、豊田理貴ちゃんが苦しみだしたのは、父親の実家に泊まりに行った3月9日未明、日曜日のことだ。

急におなかを抱えて「痛い、痛い」と泣き始めた。母親(35)がみると、腹部がパンパンにはれている。午前4時半ごろ、近くの東京都保健医療公社「東部地域病院」に運んだ。以前、治療を受け、休日でも小児科が診てくれるので選んだ。

いったんは痛みが治まったので、家に戻ったが、はれが引かない。心配で再び病院に連れて行ったのが午前7時半。顔は真っ青。苦しいのか、何度も寝返りをうった。

だが、当直の小児科医はなかなか現れない。

看護師が当直室に3度、連絡した。看護師が気づいたことをつづっておく「状況報告書」には、こう記されている。

看護師　顔色が悪くおなかもふくれている。待てそうにないのですが。

当直医　なに考えている。待たせておいて。病棟処置中とか言ってさ。

3分後、再び電話。

看護師　すぐ診ていただけませんか。

当直医　いいから待たせておいて。

さらに10分後。

当直医　いま顔洗ってるから。

医師が診察した時刻は「午前8時前」。

母親によると、腹部のX線撮影などをした後、理貴ちゃんを診察した。

「腸が詰まってガスがたまっている。もう一度浣《かん》腸して検査しましょう」と言い残して、部屋を出た。点滴、通常の浣腸以外の処置はなかった。

当直医はその後、一度も様子を見に来ず、午前11時ごろに帰宅した。日勤の小児科医に「重い腸閉塞の子がいる」と引き継いだが、X線写真は見せていなかった。

理貴ちゃんの容体は次第に悪化した。

突然、起き上がろうとする。「ハアハア」。息が荒い。母親が「痛くない?」と聞くと、「痛くない」。ニッコリほほ笑む。我慢強い子だった。

やがて、「アリさんのおうちが見える」。うわごとだった。天井に手を伸ばし、何かをつかもうとする。

母親が看護師に「先生に伝えてください」と訴えたが、医師は来ない。

午後1時半すぎ。急に口と鼻から、液状のものを吐いた。黒茶色。呼吸が弱まる。看護師が医師を呼びに走った。

日勤の医師が駆けつけた。パジャマをまくりあげると、下腹部がどす黒く変色していた。内出血だ。薬剤投与に心臓マッサージ。一時、持ち直した。が、午後4時すぎ、亡くなった。死因は司法解剖で、絞扼《こうやく》性イレウス（腸閉塞）と判明した。

家族はX線フィルムを病院から入手した。下腹部に、ふつうではあり得ない水平な線が何本も写っている。腸閉塞の証拠だ。大量のガスが充満していることは、カルテに書かれている。

本紙記者が複数の小児科医にX線写真をみてもらった。「重い腸閉塞の場合、鼻から管を入れてガスを抜くか、高圧浣腸で様子をみる。だが、これだけたまったら、すぐに手術を検討するケースだ」と指摘した。

救急外来の看護師は報告書に医師を非難する言葉を残した。「迅速な対応をしてほしかった」

病院側は、その日の当直の状況や引き継ぎなどについて調べている。

診療体制を見直したい

鈴木謙三・東部地域病院長の話　当初はベストを尽くしたと考えていたが、内部調査で医師が入院から急変までの間、回診に行けなかったことなど至らない点が明らかになった。ご家族におわびするとともに、病院の診療体制を見直し、医師をはじめとした医療スタッフの対応が適切だったかどうかについて、今後検討していきたい。

東部地域病院　病床300。葛飾、足立、江戸川など東部5区の中核病院として90年7月に、東京都葛飾区亀有5丁目で開業。都の外郭団体「都保健医療公社」が運営する。診療科は内科、小児科、脳神経外科など13科。小児中心の救急外来の充実を掲げている。

資料2　2003年6月1日付朝日新聞

こんな出だしではじまる記事は、予想外に大きなものでした。

病院は、その日のうちに記者会見を開きました。そして、会見では、引き継ぎのミス、診療体制のミスを認めたのです。

なぜ、私たちに対してはミスを認めなかったのに、新聞記事が出ると即座に認めるのだろう。怒りを覚えると同時に、ひどく悲しい気分でした。

六月二七日、病院は再度記者会見を開き、事故調査委員会の報告書を公表しました。私たちへの説明は七月一〇日で、やはり遺族が後回しにされました。

報告書によれば、当直医は、「絞扼性イレウス」だったのに、「麻痺性イレウス」と判断していました。麻痺性イレウスは点滴などだけでも治療できますが、絞扼性イレウスの場合は緊急手術が必要です。その誤診を認める一方で、「絞扼性イレウスの診療経験の少ない医師にその判断は難しい」という表現が報告書にあります。

また、四時間以上診察をしなかったことについては、「看護師が適切に容態を診ており、放置ではない」と言います。

引き継ぎについては、その不十分さを認めました。

記者会見で病院側は、あらためて謝罪を表明しました。私たち遺族には具体的な説明も何もないままで。

事故後の対応に傷つく

被害者は二重三重に被害を受ける

愛する人の命が突然奪われたり、あるいは自分自身の健康を大きく損なったりする医療事故に遭うこと自体、とてもつらいことです。

しかし、それだけではすみません。

医療事故の被害者の多くは、二重にも三重にも被害を受けたと感じています。なぜそう感じるかというと、病院側の事故後の対応に、何度も傷つけられる場面があるからです。私も、自分が被害に遭ってはじめて、そのことを実感しました。

それは、かならずしも病院側に悪気があるからではありません。

私の場合も、最初の記者会見をやったあたりからは、病院側はちゃんと対応しなきゃいけない、調査報告書もつくらなくちゃいけないと必死にやっていたと思います。しかし、よかれと思ってやったことが、結果的に患者・家族を無視して置き去りにしてしまうことになってしまいました。

患者・家族の気持ちからはじめる

私が携わっている「『架け橋』――患者・家族との信頼関係をつなぐ対話研究会」は名前のとおり、患者・家族と医療者との信頼関係をどうつくっていくか、そのためにどういう研修やプログラムが必要かを検討し、研修を行っています。

この「架け橋」のメンバーには、医療事故の当事者もいます。看護師の高山詩穂さんです。彼女のミスによって、患者さんは亡くなってしまいました。

事故直後から遺族に直接、謝罪したいと思っていましたが、高山さん自身も大きな精神的なショックを受けており、どうしたらいいのかわからないまま月日が流れました。また警察の事情聴取に答えることが、いまの自分にできる償いだと思っていました。

事故から七年がたち、民事裁判が結審を迎えて、はじめて直接遺族に謝罪する機会を得ました。そのとき、遺族から、

「なぜ、事故後すぐにだれひとり、来てくれなかったんですか。信頼関係があると思っていました。だからこそ、きちんと話してほしかった」

と言われたのだそうです。

高山さんは、謝罪できずにいた間、事故の原因を明らかにし、再発防止をすることが遺族に対する償いだと思い、必死になっていました。しかし、遺族は、まず自分たちのところに来て、きちんと説明し、謝罪してほしいと願っていたのです。自分の落ち度を悔い、一生懸命にやってきたつもりだったけれど、自分のしてきたことと遺族の気持ちとはすれちがっていたのだと気づき、高山さんはとても後悔したと言います。

私がいま勤めている病院で事故があり、家族の方とお話をしたときのことです。事故の経緯は説明していましたが、まだすべての真相が明らかになっていない状況で、病院側の責任者のひとりが、

「今後は、再発防止に努めます」

と言ってしまいました。すると、ご家族は、
「うちの父には間に合わなかったのに、軽々しく再発防止などと言わないでくださ
い！」
とお怒りになられたのです。
この責任者は、事故の直後から再発防止に努めることが家族の思いに応えることだ
と思って、こう言いました。しかし、事故に遭った家族にとっては、それ以前に大切
なことがあります。
患者・家族の気持ちと医療者の気持ちには、ギャップがあります。立場がちがうの
ですから、それは、ある意味で当然のことです。しかし、医療者はギャップがあると
いうことに、自覚的でなければならないと思います。こういうことで患者や家族が傷
つくのだ、こういう場面でショックを受けてしまうことがあるのだということを、医
療者の人たちに知ってほしいのです。
私が、事故後に二次被害、三次被害を受けたと思ったこと、傷つけられたと感じた
ことをまとめておきます。

❶事故の疑いを知らせない

息子の事故から三ヶ月半後に出された事故報告書には、事故調査委員会の経緯が簡潔に示されています（資料3参照）。

事故の翌日には、病院は事故調査委員会を立ち上げていたのです。カルテ開示までに四回も開かれているのに、私たちには調査委員会が立ち上がったことさえ知らされませんでした。

「事故があった可能性がありますので、いま調査委員会を立ち上げて調べています。ご家族にもおうかがいしたいことがありますので、よろしくお願いします」

と言われていたら、気持ちのうえでずいぶん安心できたと思います。

病院側としては、事故であったのかどうか、まず病院内で確認してからあとの対応を決めよう、それまで遺族も含めて外部にはこの問題を出さないようにしよう、と考えたのでしょう。

しかし、事故が疑われた場合、まずしなければならないのは、その事故の当事者である患者・家族への説明をすることです。当事者に何も知らせないままでは、結果として事故でなかった場合でも、患者・家族が病院への不信感を抱え、関係がこじれた

第1回　**平成15年3月10日（月）**
三月九日の状況の概要について、関係者から事実確認した。

▼

第2回　**平成15年3月24日（月）**
診療録に基づき整理した詳細な症状経過、
検査結果などの検討を行った。

▼

第3回　**平成15年4月2日（木）**
入院時に撮影したエックス線写真、CT所見の検討を行った。
急変の原因についての検討を行った。

▼

第4回　**平成15年4月7日（月）**
医師の診断内容と妥当性等についての検討を行った。

（以下略）

資料3　事故調査委員会の経緯

りしかねません。

❷家族に聞きとりをせず、報告を「事実」とする

事故報告書を受けとったときに、私は事実とちがう、と思いました。

たとえば、私は、着替えを取りにいく前にナースステーションに寄って、「おなかの張りも相変わらずひどいし、点滴をしているのに、いまだにおしっこが出てないことが気になるので、先生に伝えていただけますか」と伝えたのですが、そういう事実は確認できなかったと言います。

採血した一時間後に説明をして診察を行ったと書いてありますが、診察はしていま

せんし、説明は二時間後でした。

報告書には私たち遺族の記憶とちがうものがいくつもありました。

万が一、私の勘ちがいだったとしても、私から聞きとりをしていれば、そこに病院側と私の間に齟齬《そご》があるという認識はできたはずなのですが、病院はそれをせずに、報告書をまとめて、それだけを「事実」として公表しました。「事実ではないのに」と私は傷つき、病院はまだ何か隠そうとしているのではないか、と思わずにいられませんでした。

いま、私は患者・家族に聞きとりをする病院側の立場にいるので、事故後に患者・家族に話を聞くのがどれくらいつらいことかというのは、よくわかっています。しかし、患者・家族の話を聞かないままでは事実を究明できませんし、病院がやろうとしていることの理解も得られません。

事故に遭うと、医療者も患者・家族もショックで頭が真っ白になったり、記憶が途切れたりします。片側の医療者の意見だけでは、どうしても偏った事実認識になってしまうのです。

調査報告書をつくるには、大変な労力が必要です。精神的なダメージを受けているスタッフも含めて、たくさんの人から話を聞き、膨大な資料とつき合わせて経過や処置、対応などを整理し、明らかにしていかなければなりません。それだけのことをしながら、患者・家族に話を聞かなかったために、事実経過がつかめなかったり、あるいは患者・家族に不信感を持たれてしまうというのでは、病院側にとっても得るものがありません。

❸当日の動揺が共有されない

私がカルテ開示で説明を受けたのは、四月一四日です。この時点で四回の事故調査委員会が行われており、報告書はまだできていないとしても、病院側が何が起こったかをある程度、把握していた時期だったと思います。しかし、その説明の席で話されたのは、「最善を尽くした」ということだけでした。死因を聞いても「行政解剖の結果がわからないので答えられない」と言い、対応の遅れについても「主治医は最善を尽くしたと申しております」と答えるだけ。

その答え自体、納得できないものでしたが、それよりもあまりにも事務的に説明がなされていくことに、私はとても違和感を持ちました。

あの日、私たち遺族が見たのは、とても動揺したスタッフたちの姿でした。あわてた顔でさまざまな処置をする看護師。日曜日の病院とは思えないほど多くのスタッフがあのフロアに集まってきていました。外科医も駆けつけました。緊急に呼び出された小児科医。亡くなったあとの霊安室で、号泣して取り乱している看護師。警察が到着してからのスタッフの動揺――そういう光景そのものが、とんでもないことが起きたということを私たちに伝えていました。

それなのに、病院側の説明は、だれにも動揺がなく、平静ななかで理貴が死んでいったと言っているように感じられました。当日の状況と、そのときのことを語っているはずの口調が、あまりにもちがうのです。

その違和感が、不信感をもたらしました。

こうなってしまったのは、ひとつは、今後の方針を決めかね、とりあえずいまは事実を伏せておこうと考え、できるかぎり淡々と説明しようとしたからでしょう。

しかし、もうひとつの理由として、カルテ開示の場に、あの事故を経験した「当事者」がいなかったということがあったと思います。少なくとも、当日の危機感や緊迫感を知っている人がひとりでもいれば、同じ内容を伝えるにも、患者・家族が「事務的に扱われた」と感じるような説明にはならなかったと思います。しかし、当日の雰囲気も知らず、事実関係も十分には把握していない責任者が、役職上そうせざるをえないためにやってきて、レクチャーを受けたとおりに話した。そこに違和感が生まれたのだと思います。

患者・家族は、専門的なところではわからない点がいっぱいあります。でも、不自然な対応や、矛盾のある主張には、ごく普通に「おかしい」と気づきます。そういう患者・家族の自然な反応というものに、鈍感というか、ピンと来ないまま、医療者は医療者で患者・家族に不信感を抱き、できるかぎり伏せておきたいと思ってしまっているのだと思います。

❹対話のチャンネルがない

カルテ開示の場で、病院側は「最善を尽くしました」とくり返したあと、「これ以上は第三者に判断してもらうしかありません」と言いました。こんなことを言ってしまっては、患者・家族はそれこそ裁判に訴えるしか道がない、と受けとめてしまうでしょう。私も、このひと言で病院に対して許せないという気持ちを持ちましたし、事故を公にしてでも事実を明らかにしたいと考え、取材を受けることにしました。

もしも、質問に答えられないことがあれば、その場では「いま調査委員会で調べています。もう少しお待ちください」と伝え、時をあらためて説明すればいいのであって、「第三者」うんぬんという言い方で遺族をシャットアウトする必要はなかったはずです。

二、三回の説明ですぐに納得する患者・家族はいないでしょう。だから時間がかかるし、病院にとってもつらいことなのですが、対話のチャンネルは開いていてほしかったと思うのです。それがあれば、少しは救われる部分があったのではないかと思います。

❺解決の道筋がない

病院が事故報告書を出したあと、それ以上私たちの質問に答えてくれなかったことで、私は訴訟をするしかないと思いました。

ところが、弁護士は、この事例では裁判をしても勝つのは難しい、訴訟以外の方法を考えたほうがいいのではないか、と言います。内部告発もあり、問題があるということでマスコミも報道しているのに、それでも裁判では勝てないというのは、とても理不尽に思えました。

なぜ、勝てないと判断されたかといえば、息子のケースは「医療の技術上の過失ではなく、医師の不作為にあたる」からです。

「医師の不作為」というのは、単純にいえば、治療を講じなかったことです。何か治療を施してそこにミスがあったというのは、「技術上の過失」にあたります。しかし、「何もしなかった」ことは、ミスだとは認められにくいのです。当時、弁護士からは、医師の不作為で争って被害者側が勝った例はこれまでほとんどないと言われました。

刑事として警察も捜査をしていましたが、それも「医師の不作為」では不起訴になることが多いようです。刑事と行政処分とは連動しているので、刑事で不起訴になれば行政処分もありません。そして、民事でも訴えられない。

「じゃあどうすればいいの。内部の人もマスコミもおかしいと思っているようなケースなのに、どこにも訴える場がないってことはどういうことなの」と、出口がどこにもないことに、また苦しめられました。

❻遺族より世間が先

記事になることがわかって数日後に、病院から「ご自宅にうかがいたい」という連絡がありました。そのこと自体に、私は傷つきましたが、実際にやってきたときにも、具体的なことにはいっさい触れず、「結果的にお助けできず、申し訳ありませんでした」と言うだけでした。

このような表現は、事故でない場合でも用いられるでしょう。私は、これは謝罪ではなく、ただのお悔やみだと思いました。自宅までくると言いながら、直接的な謝罪の言葉を出さないようにしている、そういう雰囲気を感じました。それなのに、最初の記者会見では謝罪をしたと言います。遺族以外のだれに対する謝罪なのか、と思いました。

二度目の記者会見、つまり事故報告書を公表した会見のときにも、「あらためて謝罪を表明する」と言いました。しかし、その段階でも、私たちは報告書を渡されておらず、もちろん謝罪も受けていません。遺族より先に世間に謝罪を表明するというのは、どういうことなのだろうと思いました。ここでも、遺族がないがしろにされています。

また、事故が報道されたあと、病院はホームページに「痛ましい小児科の事例を引き起こした状況が、決して発生しない組織づくりを推進する」という文章を出しました。

記事によって病院の評判が落ちることを防ごうと考えたのかもしれません。しかし、いまだ遺族にはミスを認めていない段階で再発防止を公言するというのは、病院への信頼を取り戻すためにあせっているだけではないか、なぜその前にミスがあったと私たちに認め事実を説明し謝罪してくれないのか、とここでも深く傷つきました。

❼許せない言葉がある

二度目の記者会見で、院長は、

「魔がさしたというか、悪い条件が重なった。小児科医不足は深刻だが、幅広い病気を診断できる医師の養成や引き継ぎの徹底など再発防止に努めたい」

と言いました。

「魔がさした」という表現に、とてもショックを受けました。

言葉ひとつで許せることも許せなくなります。被害に遭った患者・家族は、平常な状態よりもずっと傷つきやすくなっています。そして、病院という大きな組織に個人で向き合い、なんとか事実を知ろうと必死になっています。そのために、ほんのひと言がぐさりと胸を刺すのです。

「魔がさした」というのは、日常的にも使う言葉で、院長の感情にはぴったりの表現だったのだろうと思います。けれど、私にはこの言葉はあまりにもひどいものだと感じられました。

❽医療には倫理がないのか

誤診はある程度の確率で起こりえます。それは理解しています。

しかし、当直医は、医師になって八年目の小児科医でした。そういう医師が、看護師が重症だと思うほど苦しんでいた息子を診たのに、「診療経験が少なく、判断が難しい」ということには、納得しがたいものがありました。

そして、その当直医が、ほんの数ヶ月後に小児科専門医の認定を受けたことは、まったく理解も納得もできませんでした。

新聞でも報道された事故の渦中の人です。結果的には不起訴となりましたが、まだその判断が下されていない段階で、成り行きを見守ることもしないで、認定してしまったのです。学会がこの情報を知らなかったとは考えにくく、医療界には倫理がないのか、と思いました。

以上のなかには、一般化できることも、私のケースだけのこともあると思いますが、多くの患者や遺族がこのように、事故後の病院の対応に何度も傷つき、苦しんでいます。

「最初に説明さえあれば、これほど苦しい思いをしなくてすんだ」
「何度も門前払いをされ、被害者なのにクレーマー扱いされた」

万が一事故が起こってしまったならば、できるだけこのような苦しみを与えないよう、病院側が配慮し、あわせて患者・家族の心のケアを考えていくことが大切だと思います。

第2章　被害者と医療者の心のケア

Augmented edition
Transparent Healthcare
for partnerships
section2

被害者の心は変わっていく

何に対しても反応できない日々

息子を失ってから、私の精神状態はひどいものでした。

朝が来るたびに、理貴がいない、ということにハッとして悲しくなります。理貴の欠けた食卓が怖くて、家族そろって食事をすることができません。家族みんなが傷ついているのはわかっていました。でも、家族のことさえ、まるで関係のない世界のことのように思えました。

道を歩いていても、突然フラッシュバックのように、苦しそうな理貴の顔が頭に浮かびます。立ち上がった瞬間、着替えようとした瞬間、茶碗を取り上げた瞬間に、理貴の姿が浮かんで頭から離れません。そのたびに、自分を責めました。

あの日、なぜ理貴をあの病院に連れていったんだろう、入院する前に別の病院に替われば助かったのではないか、もっと強く先生にちゃんと診察してほしいといえばよかった、泣きわめいてでも先生に来てもらえばよかった……。

毎日、ぼーっとして、何に対しても反応ができない状態でした。テレビの画面が見えていても、その内容がわからない。本を開いても文字を追うだけで、内容が頭に入ってこない。眠れず、食べられず、すべてが不安で、だれもかれもが信用できないような気持ちになり、精神安定剤や睡眠薬を使って、なんとか毎日を過ごしていました。

そのうえに病院からの心ない対応が重なり、私はさらに傷つき追いつめられていきました。

変化が生じたのは、内部告発があって、新聞記者たちが来てくれたときです。「これで、何かわかるかもしれない」という希望が生まれました。病院の記者会見などは、記事にしたら数行で、テレビでもほんのさわりしか流されません。記者の人が、それを一問一答にして届けてくれたりし、病院の態度や姿勢が情報としてつかめるようになりました。

私は、職場や近所では、ことさら息子のことを話さないようにしていました。職場も息子が亡くなった病院も、同じ地域にありました。その病院を知っている同僚も少なくありません。近所の人たちは、その病院を利用しています。そういう人たちに話すことには躊躇がありました。

だれにも言えずに抱えていたその苦しみを、記者たちはじっくりと聞いてくれます。それがどんなに私にとって救いになったかしれません。しかし、記者たちは取材が終わると去っていってしまいます。頼りきっていた私は、より孤独感を感じることになりました。

報道されたことによって傷つく

朝日新聞の記事が出て、いくつものメディアで取り上げられるようになると、また別の精神的なショックを味わうことになりました。

テレビの取材陣が息子の通った保育園に押しかけ、保育士さんやお母さんたちが困っていたと聞いたときは、ほんとうに申し訳なく思いました。

一方、私の知らないところで息子の映ったビデオテープが提供され、ニュースなどで、お遊戯をする姿が流れます。まだ死ということがよく飲みこめない園児に「理貴ちゃんと仲よしだったの？」と問いかけて、「うん」と答えさせたり、それほど親しくしていない人に「いい子だったのに……」などと言わせている場面をテレビで見ると、理貴の人生が踏みにじられているようにも思いました。

私への批判もありました。ネットなどで、さまざまなことが言われていました。「自分の子どもがほんとうにヤバイと思ったら、小児科医じゃなくったって病棟ナースなり救急外来に戻ってでも私なら訴えつづけたと思う。もっと取り乱して、人目もはばからず自分で走りまわったと思う」「母親として腸閉塞ぐらい知らないなんて、どうかしてる。知っていれば、医師の誤診にも気づけたのではないか」

自分でも自分を責めているのに、知らない人からそんな声が聞こえてくる。私にとって、とてもつらい時期でした。

ひとりきりの世界から少しずつ抜け出して

そんななかで、マスコミの人の紹介で、医療事故の被害者の人たちと少しずつ交流するようになりました。

最初に声をかけてくれたのは、「割り箸事故事件」で四歳の息子さんを亡くした杉野文栄さんでした。ある雑誌社の人が、

「杉野さんという方が、豊田さんは私と同じようにつらい思いをしていらっしゃるんじゃないかしら、よかったら連絡くださいとおっしゃっています。よろしければ紹介させてください」

という手紙をくれました。だれにも相談できない状態だった私は、同じ立場の人がいると聞いて、ぜひ会いたいと思いました。

あとから知ったのですが、杉野さんご夫妻は、相当なバッシングを受け、とてもつらい思いをしていました。それなのに、私が大変だろうと声をかけてくれたのです。会っていろいろ話を聞いてくれるだけでなく、杉野さんはさまざまな人に私を出会

わせてくれました。おふたりのおかげで、私はひとりきりのような世界から一歩外に踏み出すきっかけ、まわりを見回すきっかけをつかめたと思っています。

少しずつ、被害者団体や医療事故を考える集まりなどに顔を出すようになり、そのなかで人前で話をする機会もいただきました。

医療者をめざす学生たち

最初に話をしたのは、二〇〇三年一二月のことです。静岡大学で開かれた「医療被害を静大で語る会」に参加したとき、突然、会場で「豊田さんも五分か一〇分、話してみたら」と言われたのです。何も準備しておらず、ほとんど泣きながら話した感じでした。

はじめて依頼されて人前で話したのは、二〇〇四年の四月二八日、浜松医科大学の「医療被害者が語る」というテーマで行われた一般教養の授業の一コマでのことです。都立広尾病院事件で奥様を亡くされた永井裕之さんとともに、話をしました。このときは、事前に原稿をしっかりつくっていきました。

医療者をめざす学生たちが真剣に、共感をもって私の体験を聞いてくれました。最後に次のように話しました。

「私の話を聞いて、医師になるのは恐ろしいと思ってしまったでしょうか。私自身は、医師ほどすばらしい職業はほかにないと思っています。それは、この世の中でいちばん大切なものは『命』だからです。その命を救えるのは、最終的には医師だけです。私にはたくさんの医療従事者の友人がいます。この間、どれだけ精神的に支えてもらったか、感謝の気持ちは言葉では言い表せないほどです。

その友人たちは、身近で起きてしまった息子の事故を、いま真剣に考えてくれています。看護師の友人は、『患者さんのことを最優先に考えて、お願いしにくい医師の呼び出しも、強く頼めるようになったよ』と意識が変わったことを報告してくれました。できて当たり前のことかもしれませんが、こんなかたちで息子を亡くしてしまった私にとってはなによりもうれしい報告です。

被害者も加害者も、もう増やしたくありません。子どもを亡くした悲しみを何かで埋めることはできませんし、どんなに泣き叫んでも理貴は帰ってきません。もうだれにもこんな思いはしてほしくない。

理貴の死を無駄にしないためにも、医療の質が向上するよう、みなさんとともにがんばっていきたいと思います」

終わったあと、教室を出た私たちを追いかけてきて「もう少しお話を聞かせてください」と言った医学生がいました。医療者は被害者の話など耳を傾けてくれないかもしれない、そう思っていた私にとって、とてもうれしい経験でした。

「被害者の立場でありながら、医療従事者と共によい医療を築きたいという姿勢が印象的でした」

「医療従事者個人の意識、医療システムそのもの、患者の立場の弱さなどさまざまな要因が重なって医療過誤が生まれるのですね」

アンケートに書かれたそんな言葉を見て、この人たちと医療現場を変えていけるかもしれない、と感じました。

遺族の思いを聞く研修会を開く

二〇〇五年二月、新葛飾病院の医療安全研修会で、田所正明さん（仮名）のお話を、私は複雑な気持ちで聞いていました。

田所さんは、二〇〇二年に新葛飾病院で起きた事故の遺族です。

田所さんの義父・和夫さんは、胃がんの手術を受けましたが、がんが転移してしまいました。しかし、主治医は転移したことを和夫さん本人にも奥さんにも告げなかったのです。体調が悪化しているのではないかと疑った家族が病院に説明を求めて、はじめて転移の事実を告げられました。和夫さんはその一ヶ月後に、亡くなられました。

当初、院長はこの事態を知らなかったのですが、一ヶ月ほどたって知ると即座に、田所さんの家族に謝罪をしました。

じつは、田所さんは裁判を考え、すでに弁護士との打ち合わせもはじめていました。残された者の責任として、このままにしてはおけない、病院を追及しなければ義父に申し訳ない、と思ったと言います。

しかし、非を認めないだろうと思っていた病院が、すぐに謝罪をした。田所さんは、そのことにとても驚きながらも、病院の謝罪を受けとめました。

そして、「病院を改革し、再発予防に本気で取り組むことを約束してくれるのならば、訴訟はしない」と申し出、それに答えて院長は「かならず病院を改革します」と約束したのです。

じつは、そういう「病院を改革する」という流れもあって、事故の経験を持つ私がセーフティー・マネージャーとして雇われることになりました。

病院の変化を、田所さんはずっと見ていました。

そんな田所さんに、院長が、「医療安全に対する職員の意識を高めるために、病院の研修会で被害者としての気持ちを話してほしい」とお願いしたところ、「病院の改善に役立つのなら」と引き受けてくれたのです。

引き受けたものの、田所さんは当日まで葛藤していたそうです。いまでも、思い出すだけでつらいのに、そんな話を人前でできるだろうか、しかも、事故のあった病院で……。それでも、田所さんは当日、話をしにきてくれました。

「ここ数年、新葛飾病院の前を通ることさえできずにいました」

講演の最初の田所さんの言葉には、万感がこもっていました。

「患者はいかなる状態であっても尊厳が守られなければならないのに、この病院では、それがまったく無視され踏みにじられました。いまでも憤りを感じています」

「では、なぜその病院に今日やってきたのかといえば、院長が事態を知った直後に、すぐ謝罪をして、再発防止に取り組むという私たちとの約束を守ってくれたからです。だから勇気を奮い起こしてここに来ました」

そして、当時どういうことがあったのか、そのことで本人や家族がどんな思いを味わったのかを、切々と話してくれました。職員たちは、自分の病院で起こった事故だということで、真剣に聞き入っています。とても学びの多い研修会になりました。

後日、お礼のために院長とともに田所さんのお宅を訪ねました。

「職員のみなさんひとりひとりが真剣に聞いてくれ、義父のために全員が黙禱してくれたことに、とても心が救われました。おじいちゃんの死が無駄じゃなかった、行ってよかったと思っています」

田所さんは、そう言ってくれました。

被害者が当該の病院で話をする意味

じつは、私はその時期、いろいろなところで自分の息子の事故について、話をさせてもらっていましたが、まだ息子が事故に遭った病院で話すことができずにいたのです。だから、田所さんに講演してもらうことについては、自分のこととあわせて悩みました。

葛藤しながらも引き受け、事故で感じた怒り、苦痛を率直に話してくれた田所さんの講演は、私たちの心に響きました。身の引き締まる思いで聞いていたという職員もいました。被害者が当該の病院で話をするというのは、とてもつらいことです。しかし、当事者が語ることには、やはり重みがあります。

一方、職員が真剣に聞き入る姿を見た田所さんからは「おじいちゃんの死が無駄じゃなかった、行ってよかった」という言葉をいただきました。

つらいことであっても、経験したことやそのときの感情を話し、それが相手に受けとめられることで、心が回復していく面があるのだと知り、田所さんが少しうらやましく思えました。

そして、私は彼のように当該の病院で話すことなどできないと落ちこみました。息子の事故について事態が膠着していたからです。

わだかまりを抱えたまま

二〇〇四年一〇月にセーフティー・マネージャーとして働きはじめた私は、新しい職場での新しい仕事に、必死に取り組んでいました。積極的に外部の学習会などにも参加し、医療事故とは何か、どういう対処が被害者にとって望ましいのかを考えつづけました。

しかし、その間も、私の心のなかにはわだかまりがありました。息子が亡くなった病院はいまだミスを認めず、かといって訴訟もできず、二〇〇四年一月に警察に被害届を出したものの刑事事件としてもどうやら立件されないらしい、という状態でした。病院のなかで患者と医療者をつなぐことをめざしながら、息子のことについて自分は何もできない、進まない、そのことに苦しんでいました。

ところが、田所さんの講演から半年後の二〇〇五年の夏に、当の病院から「責任を認めたい」と和解の申し入れがあったのです。和解に向けての話し合いのなかで、病院が、息子の命日を含む一週間を医療安全推進週間と定め、命日には医療安全院内研修会を実施してきたことも、はじめて知らされました。

けれども、そのとき私は素直に和解に応じる気にはなれませんでした。責任を認めてくれたとはいえ、当事者の医療者の多くが異動しており、すでにその病院にいません。私には、和解することにどういう意味があるのか、よくわからなくなっていました。

しかし、訴訟を起こせない以上、和解をするしかないのではないか。何もできないまま、ずっと事故を引きずるよりも、仕事や活動に集中したほうがいいのではないか——あきらめきれない思い、納得できない思いを抱えつつ、結局、和解に応じました。

和解のときに、病院側の弁護士から、

「病院で講演をしていただけませんか」

と言われました。しかし、私はお断りしました。自分が協力して積極的にその病院をよくしようとは、どうしても思えませんでした。

自分の病院では、遺族の田所さんにお願いして、つらいだろうに講演をしてもらっている。それなのに、私は和解後もわだかまりを抱えつづけ、講演を断ってしまった。田所さんと私とでは事故の状況も事故後の対応もちがうとわかっていても、自分の抱えている矛盾に、自己嫌悪に陥りました。

三年目の命日の花束

そのわだかまりが消えるきっかけは、翌二〇〇六年三月、三回目の息子の命日のできごとでした。お墓参りに行くと、息子の墓前に、大きな花束が供えられていたのです。すぐに、病院の人がお墓参りに来てくれたのだとわかりました。

前年にも、花束はありました。しかし、そのときは、私の目には花束がかたちだけのものに映りました。事故も認めず、謝罪もないのに、形式的にお墓参りしたのだ、と感じたのです。

でも、三年目の命日に花束を見たとき、なぜか私のなかにすっと、そこにこめられた思いが伝わってくるような感覚がありました。じっと花束を見つめているうちに、もうこれ以上病院を恨みたくない、わだかまりを持ちつづけたくないと、心から思いました。

そして、その気持ちをどうしてもすぐに伝えたくて、その足で病院に駆けこみました。じつは、お墓と病院は、歩いて五分、すぐ近くにあるのです。

事故後、半年ほどたったころから、病院とは、互いに代理人弁護士を通じてのやりとりしか行っていませんでした。でも、もうとにかく素直に自分の気持ちを伝えたくて、弁護士に連絡することさえ思いつかず、そのまま行ったのです。

事故の担当窓口である庶務課長に、お墓参りをしてくれたことへのお礼を言い、そして「もう恨むような気持ちはありません」と伝えました。庶務課長は、突然の訪問にもかかわらず、とても喜んでくれ、「これからも、話をしていきましょう」と言ってくれました。

そして、帰ろうとしたとき、ドアのところで私を待っている人がいました。あの日、夜勤で対応してくれた看護師のひとりでした。

「この三年間、ずっとお詫びしたかったんです。豊田さんがどんなに苦しまれたか……」

彼女は、そう言って泣きながら謝罪してくれました。肩を震わせて泣くその姿に、私は、ああ、この人も三年間苦しんできたのだ、と思いました。

「あなたがた救急外来の看護師さんには、きちんと対応していただいたと思っています」

私がそう言うと、彼女はこう言いました。

「いいえ、ちがいます。救急外来であれだけ危機感を感じていたのに、私たちはそれを引き継げなかった。その責任は重いと思っています」

事態をしっかり理解し、その反省のうえで誠実に謝罪してくれた――この瞬間に、私のわだかまりは消えました。

その後、病院と対話をすることができるようになり、ほんとうの意味での和解ができました。そして翌年、二〇〇七年の命日に、私ははじめて息子が事故に遭った病院でお話をすることにしたのです。

私の思いを受けとめてくれたスタッフたち

副院長が、まず事故の経緯を説明してくれました。その説明を聞いて、病院は私たち遺族の気持ちをわかってくれたのだ、と思いました。

いよいよ、私が話す番です。

付き添ってくれていた弁護士が、私の気持ちを代弁してくれました。

「今日、豊田さんがどんな思いでここに来たか、それをみなさん、しっかり受けとめてください」

それまでにもう何度も講演をしてきたのに、このときは事故の日の記憶がまざまざとよみがえり、体が震えてしかたがありません。話をはじめてすぐ、私は号泣してしまいました。

なんとか気持ちを立て直し、あの日起こったこと、その後の対応のなかで傷ついたことを、いつものように話すことができました。目の前を見ると、聴いている職員の多くが大きくうなずきながら泣いていました。

研修会の終了間際、小児科医からの質問を受け、さらにひとりの女性が手を挙げました。救急外来で担当してくれた、あの看護師さんでした。

「私は当事者のひとりです」

そう言って、つらいだろうに、みんなの前で話しはじめました。

「私が豊田さんだったら、事故のあった病院で話ができたでしょうか。豊田さんがここにいたるまでどんな苦しい思いをしたかを考えると、ほんとうに言葉もありません」

当事者のひとりに、遺族の気持ちをここまで理解してもらえたということが、私にはとても心強く感じられました。

研修会後には、たくさんの感想が寄せられました。

◎報道ではない豊田さんの生の声でそのときの状況・思いを聞けたことは、とても貴重な体験だった。TV等ではいろいろな憶測がつくが、直接豊田さんの思いを聞けたことで、真摯に受けとめることができた。（中略）事故はご家族だけでなく私たち医療者もつらい思いをする。豊田さんの言葉に救われた気がする。（後略）

◎医療スタッフ内のコミュニケーションの大切さ（「コミュニケーションエラーで人は死んでしまう」）を痛感しています。またひとりの母として豊田さんの立場に自分が立っていたら、自分はどうなっていたのだろうと胸がはりさけそうな思いで聴かせていただきました。

◎事故のあった病院で講演をしていただくという豊田氏の勇気と、事故を風化させないという努力にただただ敬意を表します。講演を通してコミュニケーションの大切さと、同時に難しさを感じました。しかし、医療従事者として患者さんと向き合うのは必須です。努力していこうと思いました。
◎最愛の息子さんを亡くした母親の気持ちが伝わってきました。チーム医療、医師のモラルの欠如が引き起こした、悲しい事例です。子どもの死を受け入れ、精神的ないくつものハードルを乗り越え、今日、お話をしていただき、心より感謝します。テレビでお話しされている豊田さんとはちがい、今日はひとりの母親として、人間としての心の葛藤がわかり心を打たれました。
◎新葛飾病院での活動を具体的に話してくださり、当院でももう一歩前に出た取り組みが行えたら……と思う。（後略）
◎毎年医療安全週間を実施してきたが、視点がまったく医療者側のものだった。豊田さまが事故後どのように感じてこられたかを知り、もっと今後患者の気持ちを知り、考え、本当に患者安全のための活動をしたいと感じる。
◎「職員の人も萎縮せず共にがんばってください」と逆に励まされた感じです。それは共に医療の安全に取り組みましょうとのメッセージと受け止めました。「被害者の心のケアがないからマスコミに頼らざるをえなかった」の言葉に二重三重の苦しみを味わわされた実態がわかりました。

◎個人として謝りたいという思いと、組織として言ってもいいのか？　と思う場面は何度かありました。しかし、誠実に対応するということが一番大切なのだと考えています。自分の考えや相手の考えを話し合える場をつくる努力をしたいと考えます。

思いが届くことによって心が回復する

なぜ、三年目の命日の花束が、私のわだかまりを解かしたのか、というのは明確にはわかりません。病院側の変化、形式的にしろ謝罪を受け和解したこともあるでしょうし、私が仕事を通じて学んだこと、出会った人たちも影響しているかもしれません。そういうきっかけのようなものは、人それぞれなのだと思います。

ただ、ひとつだけいえるのは、医療者の思いが伝わることで事故の患者や遺族のかたくなな心が解けていく、ということです。

お墓参りのときにお会いした庶務課長は、事故後にこの病院に異動してきたのですが、異動以来、じつは和解に向けて、私の気づかないところでさまざまな配慮をし、向かい合う努力を続けてきてくれていました。病院の職員のなかには、院内研修会以前に私の講演を聞きにきてくれ、「あの病院で働いていた者です。謝罪したいとずっと思っていました」と会場で回収するアンケート用紙に書いてくれた人もいました。

そういうスタッフひとりひとりの行為の積み重ねが、私の心をほんとうの意味で回復させてくれたのではないかと思っています。

八年ぶりの再会

誠実に謝罪してくれた救急外来の看護師さんと、その後お会いする機会はありませんでしたが、「どうしているかな」「職場で居づらい思いをしていないかな」と、私は時折思い出していました。

その彼女が、二〇一五年の三月、突然私の職場へ訪ねてこられたのです。何かあったのかと心配して歩み寄ると、申し訳なさそうにこう言われました。

「じつは、病院を退職することになりました。あのとき、『この病院を辞めません。このような事故が起きないように、この病院でずっと看護師を続けます』と豊田さんと約束したから、黙って辞めることはできなくて……」

たしかに当時私は、同じような事故がふたたび起きないように、「どうか辞めないで後輩を育ててほしい」とお願いしました。でも、その約束をずっと守りつづけ、辞めることを知らせにきてくれるなんて。彼女がそこまで行動で示してくれたことに、とても感激しました。

「わざわざ来てくれてありがとう。ほんとうにお疲れ様でした」

私は心からそう伝え、椅子を勧めてふたりで腰をおろすと、いろいろな話をしました。彼女は緊張しながらも、この時間が夢のようだと言ってくれました。私が彼女にうれしそうに語りかけている姿が、ここに来るまで想像もつかなかったそうです。

帰り際、彼女はこれからも豊田さんとお付き合いしたいと言ってくれて、連絡先もいただきました。そのときの私の感激は言葉で言い表せるものではありません。心のなかの大切な宝物になりました。

じつはこの病院との関係は、二〇〇七年の講演から二年後に私が電話をかけたことがきっかけで、よくない方向に向いてしまっていました。

残念だったのは、当初私たちと病院側をつないでいてくれた庶務課長が、私が講演をした翌月に異動となり、さらに医療安全管理者の看護師も院内で配置換えになったことです。異動前、おふたりは「自分たちがいなくなっても、後任の者にしっかり伝えておくので、再発防止につながるように、これからもぜひ病院とかかわりを持ってください」と言ってくれました。

私はそれを信じてはいましたが、病院からは連絡がなく、こちらからも病院へ連絡しづらくなって二年がたちました。このまま連絡を取り合わないままでほんとうによいのだろうか、互いに後悔しないだろうか。そんな気持ちがぬぐい去れず、あるとき思いきって病院に電話してみました。

すると後任の看護師さんは、私からの電話をとても喜んでくれ、「ご連絡させていただきたいと思っていました」と言ってくれました。看護師を中心に取り組んでいた再発防止の活動について、じつは私に報告したいと思ってくれていたことがわかり、何か一緒にできることはないかという話にまでなりました。

後日改めて連絡をいただくことになりましたが、一週間後、病院の別の人から電話がきて、窓口担当者だと名乗ったうえで、「当院に伝えたいことがありましたら、今後は私に連絡をしてください」と言われました。

この言葉は私の心に深く突き刺さりました。明らかに病院の態度は変わってしまい、私には「迷惑だ」と言われたようにしか聞こえませんでした。

それ以来、あまりのショックに、後任の看護師さんへはもちろん、二度と病院に電話することができなくなってしまいました。しばらくは、思い出しては涙して、何をしていても、心にぽっかり穴があいたようでした。

こんな状況でも、病院側はその年の命日、お墓参りに来てくれました。その往来で偶然、病院長や看護師さんとすれ違いましたが、病院長は穏やかな語り口ながらも、

「今後は何かありましたら副院長にご連絡してください」

と深くお辞儀して戻っていかれました。じつはこの病院長は、事故当時の管理者ではありません。それでも、四年後の命日に私を講演に招いてくれた方でした。

このときに冷たい態度をとられたわけではありませんが、病院側からすれば、私から電話をかけたことで、威圧されたようにしか感じられなかったのだとわかり、ひどく落ちこみました。

そのようなことがあっての救急外来の看護師さんとの再会でしたから、会いにきて

くれたことは心からうれしかったですし、ふたたび行動してくれた彼女の誠意に胸を打たれました。

いま、私はこの病院を恨んでいるわけではありません。

異動や配置換えの多い環境下にある病院が、継続して再発防止の取り組みを行い、遺族に連絡をしつづけるのはほんとうに大変なことだと思います。

ただ、それが理解できるから許せるとか、病院がそこまでする必要はないといったことを言いたいわけではありません。どんなに医療現場の実情が過酷であっても、医療の安全確保に努めることは最重要課題だと思います。組織（病院）文化を醸成するのは医療現場のあり方しだいです。

この病院が一日も早く、その大切さに気づいてくれるように、私自身も医療安全を学び実践しながら、その日を待ちたいと思っています。

被害者を支えることとは

恨みつづけ責めつづけることは決して楽ではない

私は、自分自身の体験から、「人を恨むことはとても苦しい」ということを、声を大にして言いたいと思います。

人を恨むには、相当のエネルギーがいります。日常生活が営めなくなるほど、人を恨むためにエネルギーを使ってしまう。かといって、恨むという負の感情を抱くことをやめられないのです。

私の場合はもともと病院職員だったため、信頼できる医療者がまわりにいました。医療事故を経験したさまざまな人たちともめぐり会え、その人たちを支える医療者にもたくさん出会いました。

そういう人たちとつきあうなかで、医療を憎み、病院を恨む気持ちを持っているはずなのに、それとはちがう感情や思いを感じるようになっていったのです。口では病院を恨んでいる、人間は信頼できないと言いながら、ふと気づくと、仕事のなかで医療を信じ人を信じて行動している自分がいます。医療者とともに、「医療をよくしていこう」と話し合っている自分がいます。そういうことを何度も何度も経験していくなかで、結局は私は人間を信じてるんだ、医療にも希望を持っているんだということがわかってきました。

人間は、やはり基本的に人を信頼する方向に向かうのでしょう。

傷ついて、どん底にいて、ネガティブな思いにとらわれてまわりが見えなくなっていても、少しずつ少しずつ、他人のことが見えはじめてくる。それにしたがって、心も回復していくのだと思います。

傷ついて自分のことで精一杯でも

松下幸恵さん（仮名）は、新葛飾病院で起こった医療事故の患者の奥さんです。事故で意識不明の重体に陥ったご主人を見舞うため、毎日ＩＣＵに来ていました。私はできるかぎりＩＣＵに行き、幸恵さんとお話しするようにしましたが、病院外での仕事も多く、毎日行くことはできません。また、時間によっては、会えない日もあります。

そこで、いつも「毎日こういう業務があるので、この時間帯には来られません」「今週は〇日と〇日はうかがえません。その間に何かありましたら、患者相談窓口のスタッフに連絡してください」と伝えていました。

そういうふうにして、ある程度関係ができてきたある日のことです。またいつものように、「明日は、お休みをとらせていただいているので、来られません」と伝えました。「わかりました」と答えたものの、その時期、精神的に少しつらい状態にあった幸恵さんはちょっとショックで、寂しいなと思ったのだそうです。

それからしばらくして、世間話をしていたときに、「そういえば、このあいだ割り箸事故事件の判決が出ましたね。ご両親はおつらいでしょうね」と幸恵さんが言い出しました。それで、「じつは、この間、お休みをもらったのは、その裁判の傍聴に行くためだったんですよ」と答えました。

幸恵さんは、そうでしたか、としか言わなかったのですが、そのあといろいろ考えたのだそうです。

あの日、自分は、豊田さんが休みだと聞いて、さみしい気持ちになり、できれば休まないでほしい、私たちのことをもっと考えてほしい、と思った。その豊田さんは、割り箸事故の裁判の傍聴に行っていた。新聞で見たけれど、私よりも、割り箸事故の遺族のほうがバッシングを受けてつらい思いをしているだろう。豊田さんは、その人の応援にいったのに、私はその人に対してやきもちを焼いていたんだ、と反省したというのです。

それを知ったとき、私は人間ってすごいなと思いました。

傷ついて、自分のことだけで一杯いっぱいになっていたとしても、決してそこで留まらない。知らずしらずのうちに、やはり他人のことを気遣うようになるのです。

「麻酔医をお茶に誘おう」

アメリカに、ＭＩＴＳＳ（Medically Induced Trauma Support Services＝医療によるトラウマを負った人々への支援サービス）というＮＰＯがあります。この組織を立ち上げたリンダ・ケニーさんも同じような話をしてくれました。

リンダさんは、三七歳のときに足首の手術を受けました。命にかかわるような手術ではなかったのに、麻酔をかけられて数分後、心停止してしまいました。たまたま、別の患者のための心臓手術が準備されており、すぐに心臓にバイパスをつける手術を受けることができて、幸運にも助かりました。

当初、リンダさんは、ミスを犯した麻酔医から謝罪の手紙をもらっても、とても許すことができませんでした。事故が起こったときに抱いた感情、相手を責める気持ちをずっと抱きつづけていたのです。

でも、あるとき、知り合いのお子さんが一四歳で亡くなり、未来ある少女の死を前にして、自分が生きていることに罪悪感を抱きました。自分が助かっていまここにいる、生きているということをあらためて考えて、自分だけがなぜ、という被害者意識にとらわれていたけれど、世の中にはもっとつらい思いをしている人がいっぱいいることに気づきました。

そして、あの事故で、自分や自分の家族だけでなく、医療者の側も傷ついたということにも気づきました。

ああそうか、自分はちがう立場の人間の気持ちを考えられるまでに心が回復してきているのだ、と思ったリンダさんは、いくつかのことを決意します。

「裁判はしない。私は生きていて後遺症もないし、家族も自分もそういうことにうんざりしているから」

「再度、手術を受けなければならないのに、そうする気分になれなかった。でも、もう一度、手術スケジュールを組み直そう」

「当事者の麻酔医に電話をかけて、お茶に誘うこと。そうすれば、自分が彼を責めていないことや、ほんとうに予期できない結果だったと信じていることがわかってもらえるから」

事故を起こした医療者に対して、自分のほうから声をかけ、お茶に誘って、彼を責めていないことを伝えようとするというのは、とても難しいことだと思います。しかし、リンダさんはそれを実行し、麻酔医と和解しました。

それだけでなく、同じような思いをほかの人たちにさせないため、同じような苦しみを味わっている人の支えになるために、リンダさんは、二〇〇二年にMITSSを立ち上げることにしました。麻酔医の先生もいっしょに。

そして、病院はMITSSの活動のために、所有する建物の一室を提供しました。

私も、幸恵さんも、リンダさんも、被害の感情から抜け出すためには、人とのつながり、人間関係の回復が必要だったのだと思います。

MITSSの患者・家族サポート

資料4は、MITSSの目的と、医療事故のトラウマについて述べている部分をMITSSのパンフレットから抜粋したものです。

私はこれをはじめて読んだとき、まさに自分が経験した状態とまったく同じだと思いました。

息子を失ったあと、テレビの画面を見ていても、何も感じることができなくなりました。急に無力感と孤独感に襲われたり、息子を助けられなかった自分を毎日何度も責めました。医療者への怒り、人間不信。夜眠れず、安定剤も飲みました。

ＭＩＴＳＳはさまざまなサポート活動をしていますが、それは、医療事故がもたらす影響を熟知したうえでのものです。このようなしくみのサポートがあることに驚きました。

日本にはいま、医療事故の患者や遺族の心のケアを行うような機関や組織が、患者団体以外にはありません。

その人自身をとりまく環境や個人的な出会いだけにまかせるのだけでなく、やはり心のケアをサポートするような態勢づくりが必要ではないかと思います。

医療事故の特殊性

医療事故には、交通事故や天災などとちがう特殊な面があります。

病気を治そうとしてやってきた病院で、逆の結果に陥ってしまう。心が希望から絶や家族の精神的安定に影響をおよぼします。

医療が引き起こすトラウマは、患者や家族が次のようなことを感じる点で、ほかのトラウマと異なります。

- ●孤立感。病院は入院期間外の精神的サポートを与えてくれない場合が多い。
- ●トラウマ克服のために重要な医療者と患者の信頼関係が崩れている。
- ●傷つきやすさ。多くのケースでは、患者は自分を傷つけた医療施設で引き続き治療を受けなければいけない。

あなたや家族が医療トラウマを負った場合、その直後、あるいは時間が経ってから、こういった精神的影響が出ます。

- ●落ちこみ、いらだち、無関心
- ●睡眠障害や摂食障害
- ●薬物の乱用やアルコール中毒
- ●無力感や孤独感
- ●人間不信・医療者に冷淡さを感じる
- ●怒り、罪悪感、フラストレーション
- ●考えを集中できない
- ●不意に起こるフラッシュバック
- ●同じトラウマを持つ人々とのつながりを求める気持ち

資料4　MITSSの患者向けパンフレットより

私たちの目的

医療トラウマの影響を広く知ってもらい、患者・家族・医療者の間に寛大で誠実なコミュニケーションを促進し、医療によるトラウマに苦しむすべての人に支援システムを提供することです。

MITSSはどうやって
患者や家族をサポートするのですか？

- MITSSには、患者と家族のためのセラピー的な学習・サポートグループがあり、経験豊富な臨床心理士がアドバイスします。
- MITSSのスタッフとボランティアが電話相談でサポートするとともに、さまざまな情報や資料をご提供しています。
- 医療機関とも連携して、学習プログラムの提供や改善計画の実施、医療トラウマに苦しむ患者・家族の継続的なサポートに取り組んでいます。

医療が引き起こすトラウマとは？

医療が引き起こすトラウマとは、医療行為や手術のなかで起きる予期せぬ結果です。そうしたできごとは患者望へと大きく揺さぶられ、暗黙のうちに抱いていた信頼を裏切られたというショックを受けます。

もうひとつ、大きな特殊性として、医療事故が、一生懸命治療しようとする過程で、発生してしまうものだということがあります（もちろん例外もありますが）。だから、医療事故の患者や家族はやっぱり心のどこかで「医療者を責めていいのだろうか」「裁判なんて起こしていいだろうか」という気持ちを持っています。

私自身も振り返ってみると、ほんとうは裁判を起こしたくはなかったことに気づきます。

これは、たとえば殺人事件で犯人を憎み、責める場合とかなりちがいます。裁判になれば、結審まで犯罪被害の倍ぐらいの時間がかかりますし、裁判にならなければ、それはそれで出口がない状態が長期間続くことになります。いずれにしろ、その間、患者や遺族は苦しみを抱えつづけ、自分を責めつづけてしまうのです。そのため、普通の生活に戻るのに時間がかかります。

被害者を支えると同時に家族を支える

医療事故は、その本人だけでなく、かならず家族にも影響を及ぼします。大きな心理的負担、経済的負担が事故で傷ついた家族を、さらに追いこんでいきます。

また、家族のなかで「これは医療事故だから、裁判を起こしたほうがいい」「いや、そんな大事《おおごと》にしたくない」など、事故の今後について意見が割れ、そのことでぎくしゃくしてしまうこともあります。

ですから、家族全体に対するケアも、何らかのかたちで行う必要があるのではないかと思っています。家族が傷ついて自暴自棄になってしまっていたり、バラバラになっている状態では、事故後の患者の治療についても話は進みませんし、問題の解決についてもより時間がかかることになるでしょう。

医療事故では、多岐にわたる、しかも長期間の心のケアが必要なのだと思います。

当事者どうしのコミュニケーションが癒しに

傷つくのは医療者も同じ

ＭＩＴＳＳがすごいのは、患者・家族のサポートだけでなく、医療者の精神的サポートも考えていることです（資料５参照）。それは、資料４で紹介したＭＩＴＳＳの「私たちの目的」にあるように、「医療によるトラウマに苦しむすべての人」をサポートすることをめざしているからです。

医療事故では、医療者も患者・家族側同様に傷つきます。

なかには、事故のトラウマが原因で仕事を続けられなくなるばかりか、生きていくことに罪悪感を感じる人もいます。

医療者向け電話サポート

MITSSのフリーダイアルでは専門スタッフやボランティアが、医師、看護師、薬剤師やその他の医療従事者の電話相談を行っています。

- ●お近くの支援サービスをお探しします
- ●支援を求められる同業者をお探しします
- ●すべてのお電話の情報を蓄積し、継続的にご対応させていただきます

学習と支援

MITSSは医療機関と連携して、事故がスタッフに与える精神的影響に関する学習を進めています。また、医療者のピア（同僚）サポートシステム構築を医療機関に働きかけています。こうしたサポートは事故後のプロセスに絶対必要です。

看護師サポートグループ

MITSSには、医療事故で重大な立場にあった看護師のためのサポートグループがあります。今後、要求に応じてサービスを拡大していく方針です。

資料5　MITSSのパンフレットより——医療者向けサービスについて

苦しいのは患者側だけじゃないということを知ったリンダ・ケニーさんが、医療者のサポートも活動内容に含めたのです。

事故がスタッフに与える精神的影響について研究を進めつつ、ピア（同僚）サポートシステムの構築を医療機関に働きかけています。

そして、医療機関に対しても、資料6のようなサービスを提供しています。

医療者への聞きとりにも配慮が必要

病院内の聞きとりで、医療者への配慮がたりないなと思うことがよくあります。

たとえば、ある病院では、当事者の看護師ひとりに、看護師長、看護部長、安全管理者の三人が対して、聞きとりをしたといいます。しかし、これでは事故を起こして大きなダメージを受けている当事者は気に病んでしまい、経緯をうまく話すこともできないでしょう。とくに最初の段階では、少しでも話しやすい場をつくる必要があるのです。

「言い訳は禁句」と、事故を起こした当事者が経緯を説明しようとすると、そうさえ

医療者機関向けサービス

- 不幸な結果が患者・家族・医療者に与える精神的な影響、そこからの回復における精神的サポートの重要性について、学習セッションを促進しています。

- MITSS学習サポートグループを患者や家族に紹介するためのワークショップを行っています（マサチューセッツのみ）。退院後の支援サービスの紹介を妨げがちな医療機関のバリア克服を推進しています。

- 組織のリーダーシップや患者安全のコンサルティングを行い、医療者のピアサポートモデル構築に向けて段階的に協力します。

- われわれの目標とビジョンに通じるプロジェクトにご協力します。

- 不幸な結果による精神的な影響について学んだ知識をご提供します。

- 学会やフォーラム、現職教育などでの講演活動を行います。プレゼンテーションご希望の方はいますぐご連絡ください。

資料6　MITSSのパンフレットより——医療機関向けサービスについて

ぎる人もいます。そう言われてしまっては、正直に自分が思ったことを口にできず、聞きとりをする側の「指導」や「アドバイス」に沿ったことを答えていくことになります。それを続けていくと、突然、当事者が怒りをぶつけるような態度をとることがあります。自分の思いを聞いてもらえず、強制されているような雰囲気に、追いつめられていくのです。

患者・家族へ、できるだけ早く病院側がつかむ事実関係を伝えることは重要ですが、あせって当事者を心理的に追いこんでしまっては、事実をつかめるどころか、問題がこじれる原因にもなりかねません。

当事者が患者・家族に向き合うためにも、病院としての当事者への配慮や心のケアは必要なのです。

患者・家族と医療者の関係が変わるとき

医療事故で傷ついた患者・家族の心のケアに対して、それはセラピストやカウンセラーの仕事ではないか、という意見もあります。

しかし、私はそうではないと思っています。

患者や家族は、医療事故によって大きな傷を受けます。しかし、その傷を最初から第三者に癒してほしいとは思っていません。病院側の誠実な対応を望むのであり、どんな経緯でそうなったのかが解明されていくなかで、少しずつ心が回復していきます。そのとき、ショックのあまり、自分の傷ついた心を治すことは、視野にありません。ただ、ひたすら、何が起こったのか知りたいと望みます。

そういう人に、問題の解決と関係なくセラピストやカウンセラーを差し向けても、話をすり替えられているようにしか見えず、それは心に傷を与えることになります。

たとえば、イリノイ大学の場合は、リスクマネジメント担当部署が、病院内のトラブルに二四時間対処するホットラインがあり、その情報をもとにすぐに調査チームが対応するシステムになっています。チームには最初からセラピストも加わっているため、患者や家族、そして医療者の心のケアは、おもにその人が専門的にすることになります。この場合、そのセラピストは対策チームの一員と認識されているため、精神状態が不安定なときに相談することはごく自然なことになります。

しかし、日本ではそういうシステムはできていません。

ですから、安全対策担当者なり、医療対話推進者（当時・院内相談員）なりが、その役目をある程度受けもつ必要があると思います。

これは、むしろ私はよいことだと思っています。

私が、セーフティー・マネージャーとしてかかわったケースでは、当事者の医療者には「いま、患者さんはこういう状態で過ごされていますよ」「ご家族とはこのように連絡をとっていますよ」と伝えました。一方、患者さん側には「先生にもご家族の様子はお伝えしていますよ」「院内ではいただいたご意見からこういう取り組みをしています」などと、相互の様子をできる範囲で伝えるようにしました。すると、そのことによって、互いの不安や不信感が少しずつ取り除かれていく様子がわかりました。

患者・家族と医療者のやりとりの場にも立ち会い、家族の怒りにも触れ、あるいは医療者がつらい思いをしているのを見てきた私が、双方にその様子を伝えていくことで、患者・医療者間と私に信頼関係が生まれていくことも感じました。

患者・家族と医療者は、別の視点で見れば、同じ事故に向き合う当事者どうしです。そこにある種の連帯感が生まれるのかもしれません。

これは、互いにコミュニケーションする必要性を表しているともいえます。

患者だけ、医療者だけの心のケアを考えていくのでなく、双方のコミュニケーションをとることで心のケアをしていくためには、安全対策担当者や医療対話推進者のような媒介者が必要だと思うのです。

事例1 「先生の体調は大丈夫でしょうか」

鈴木浩一さん（仮名）は七〇代で、新葛飾病院の循環器病棟に入院していました。トイレに行きたいと付き添っていた奥さんの美代子さんに言ったのですが、美代子さんは「心配だから、ベッドの上ですませて」と、浩一さんを説得していました。たまたまその場面を見た看護師が、ベッドの上ですませるのがいやなのだろうと思い、「私が連れていきましょう」と、車椅子で浩一さんをトイレに連れていきました。

心配のある患者であれば、そのまま付き添っているのですが、浩一さんにはトイレに行く許可が出ていたので、看護師は「終わったらブザーを鳴らして呼んでください」と言って、その場を離れました。ちょうど夕食配膳時の忙しい時間帯で、ブザーが鳴ればかならずナースステーションにいるだれかが気づくことから、看護師はそのまま配膳の準備に向かいました。ところが、浩一さんは一五分たっても病室に戻ってきません。心配になった美代子さんが廊下に出たところで、先の看護師に出会い、話を聞いた看護師があわててトイレに行くと、浩一さんは発作を起こし、トイレのなかで倒れていたのです。

一命はとりとめたものの、浩一さんは意識不明の状態でした。

事故直後、看護師はすぐに謝罪をし、主治医と院長が家族に説明をしました。しかし、家族には言い訳にしか聞こえず、訴訟も考えているという状態でした。

ただ、いまはとにかく浩一さんが回復することをいちばんに考えようということを、病院側と家族はとりあえずの一致点としました。

美代子さんが毎日、面会時間に来るので、私はその時間に行って、美代子さんのお話を聞いていました。「夫は病院に殺されてしまう」という病院への不信、「どうしてこんな病院に来てしまったんだろう」という自責の念をくり返し聞きました。そのうちに、少しずつほかの話題も口にのぼるようになり、ごくごく普通の世間話もするようになりました。

また、鈴木さんのお子さんたちは仕事もあり、美代子さんのように毎日は来られません。家族みんなが状況を把握できるように、毎週末、ご家族に来ていただいたときに、私も同席して一週間の病状の推移と今後の治療を説明することにしました。

このような対応を続けていくなかで、お子さんたちも、病院を責めるのでなく、治療に積極的にかかわってくださるようになりました。

そんなある日、いつものように病室に行くと、美代子さんが、

「昨日の日曜日、主治医の先生が、病院の隣のファミリーレストランで家族で食事なさっているのを偶然見かけました」

と言います。

「先生は、うちの主人のために、休みもままならなくて、家族の方が病院まで来てお昼を食べているんですね。先生は、お体、大丈夫なんでしょうか」

「病院に夫を殺される」と思った美代子さんが、医師の体調を心配しはじめていました。

主治医は、このころ、精神的にも肉体的にもほんとうに疲れきっていました。しかし、私が美代子さんの言葉を伝えると、「ありがとう。がんばる気力が出てきまし

た」と、とても励まされたようでした。

　医療チームとご家族がともに治療に尽くしたのですが、二ヶ月後、残念ながら浩一さんは亡くなりました。

　当事者の看護師から「お墓参りをさせてほしい」という話があり、ご家族にそれを伝えると、このような答えが返ってきました。

「こういう体験をした人は、この先、細心の注意をはらって働いてくれると思います。ただ、いまはとてもつらいので、看護師さんに会ったら、つい責めるようなことを言ってしまうかもしれません。許せないからもう会いたくない、という意味ではないのです。その人をだめにしたくないから、いまは会えない、会わないほうがいいと思っているのです。お気持ちだけいただきます」

　病院として正直に話をし、誠実に対応してきたからこそ、遺族も当事者の気持ちを受けとめて正直に答えてくれたのだと思います。

被害者と医療者のパートナーシップを

私は二〇〇八年五月に、医療施設や被害者を支援する団体を見学するためにアメリカに行きました。そこでいちばん感じたのは、国がちがっても、思いは同じだということです。

「事故の患者・家族は医療者がきちんと向き合って謝罪してくれれば、許し合うことが可能だし、パートナーにもなりうる」ということを、申し合わせたようにだれもが言います。それはまさに私が感じていたことでした。

アメリカの先駆的な病院では、被害者と医療者のパートナーシップなしでは、医療安全は築けないとの立場に立ち、さまざまな医療安全プログラムが事故の経験をもとにつくられています。

医療者と被害者は決して対立しているわけではありません。パートナーとして、医療安全を考え、医療の質を向上させるために、いっしょにやっていくことができます。

それを、アメリカの人たちは再認識させてくれました。

先ほどご紹介したリンダ・ケニーさんは、ＭＩＴＳＳの活動のために、ブリガム＆ウィメンズ病院の所有する建物の一室を借りています。この病院は、リンダさんが事故に遭った病院です。当事者の麻酔医だけでなく、病院のたくさんの医療者がＭＩＴＳＳの活動を支えていました。

ＩＨＩ（Institute for Healthcare Improvement＝医療の質改善研究所）は、「一〇万人の命を救えキャンペーン」を行った団体です。アメリカでは、医療事故で年間一〇万人が亡くなっています。それを防ぐために、防止策を病院で共有しようと呼びかけ、アメリカの三〇〇〇以上の病院が参加し、推計一二万人の命が救われたといいます。この団体の医師、ジム・コンウェイさんは、かつて身近な人の医療事故に遭遇した経験から、院長職をすてＩＨＩのメンバーになりました。コンウェイさんは、そのときに、事故を経験した患者・家族が医療者の大切なパートナーだと気づいたと言っていました。

また、ジョンズ・ホプキンズ子ども病院では、ソレル・キングさんの一歳半の娘ジョージーちゃんが事故で亡くなり、病院はソレルさんに賠償金を支払いましたが、彼女は、賠償金の一部を病院の医療安全対策のために寄付しました。病院は、それをもとに、「ジョージー・キング患者安全プログラム」をつくって、医療安全対策に生かしています。

私は、医療者と患者・家族がパートナーシップをもって医療安全に取り組むということを考えていましたが、アメリカの先駆的なところでは実際にこのような取り組みが広がっていることを知り、話を聞くたびに感動しました。

日本でも、ぜひこのような関係づくりを進めていけたらと思いました。

第3章 病院の文化をつくる

Augmented edition
Transparent Healthcare
for partnerships
section3

訴訟になる前にできること

医療者のためにも早い時期に謝罪をする

どんなに気をつけていても、医療事故はゼロにはなりません。新葛飾病院は医療安全に日常的に注意を払い、研修などで意識を高める努力をしていますが、それでも過去六年間で一〇件の医療事故が起きています。だから、事前対策に万全を期しつつも、問題が起きてしまったときにどう対応するかも大事だと思います。

私たちは、万一、ミスがあることがはっきりしたら、可能なかぎり早く謝罪します。事故による患者や家族の心の傷は、医療者の想像以上に大きなものです。その傷を最小限にすることを第一に考えるからです。早い時期に謝罪がないことは病院に対して不信感を抱き、許せないという気持ちを強める、いちばんの原因にもなります。その後の病院と患者側の対話を滞《とどこお》らずに進めるためにも、ミスがあるとわかった時点ですぐに謝罪をします。

患者・遺族は最愛の人を亡くし、あるいは体に重大な傷を負い、大きな苦しみを味わっています。そのうえに、病院が誠実に向き合ってくれないという事態が重なると、病院に憎しみの感情しか持てなくなります。

きびしいことをいうようですが、患者側にそういう感情を持たせてしまうのは、医療者側の責任だと思います。

また、最初に謝る機会を逃すと、事故の当事者である医療者は「隠してしまった」「逃げてしまった」という罪悪感から何も話せなくなり、つらい思いを抱えたまま、事故のことを引きずりつづけます。できるだけ早い時期に謝罪するというのは、患者・遺族のためであると同時に、医療者のためでもあるのです。

バッシングを受ける被害者

「どうしてこんなことになっちゃったんだろう。裁判なんかしなければよかった」

髙崎憲治さんが、テレビのインタビューで涙をこらえるようにしてつぶやいていました。髙崎憲治さんは、二〇〇六年に起きた奈良の「大淀町立病院事件」で亡くなった髙崎実香さんの義父です。

実香さんは、出産中に脳内出血を起こしていたのに、CTもとらず、一九の病院に転送を断られた末に、死亡しました。実香さんの夫・晋輔さんとともに憲治さんは、出産した病院に説明を求めましたが、二度の話し合いのあと、病院側から、

「説明会の開催はお断りします。担当者の個人攻撃になる可能性が極めて高いからであります」

という文書が送られてきました。

ふたりが裁判を起こしたのは、「何が起こったのか、真実が知りたい」からです。対話を閉ざしてしまった病院から真実を引き出すには、それ以外に方法がありませんで

した。しかし、この騒ぎのなかで、大淀病院が産科を閉鎖することが決まり、髙崎さん親子は、「産科医療を崩壊させる、モンスター・ペイシェント」のレッテルを貼られました。病院側も答弁書に次のように書いています。

「子どもを救った人（医師）に対し、命を救われた子供が、母親を救わなかった判断は誤りだと主張している。原告らの誤った認識、誤った主張に対しては、医療界を挙げて断固正していく」

いつのまにか、事件は髙崎さん親子の思いと離れ、「医療界」を敵にまわした格好となってしまったのです。

医師たちからのひどいバッシングもはじまりました。

「妊娠したら健康な児が生まれて、なおかつ脳出血を生じた母体も助かって当然、と思っているこの夫には、妻を妊娠させる資格はないッ！」

「ひどいのはあなたの妻の病気であり、病院ではありません」

「同和関係者を使って裏で法外な金を病院と担当医に請求しつづけてきたらしい」

インターネット上には、実香さんのカルテまで流出していました。

遺族を中傷した横浜市の医師は、二〇〇七年一〇月に略式起訴され科料《かりょう》九〇〇〇円の略式命令が出され、またカルテの流出については、警察が動いたこともあって、関西の医師が遺族に謝罪しました。

しかし、それによって傷ついた遺族の心は元には戻りません。

二〇〇四年に福島県で帝王切開手術を受けた女性が死亡し、手術を担当した産科医が逮捕された大野病院事件の場合、警察の判断による逮捕であったのにもかかわらず、遺族はバッシングを受けました。「亡くなった女性は精神的に問題があった」「遺族は知り合いの政治家に頼んで警察を動かした」などの根も葉もないデマが流されました。

二〇〇八年八月、医師に無罪の判決が言い渡された際、女性の父親である渡辺好男さんが「まだ疑問に思うことがあり、生涯事実を求めていきたい」と述べたことが報じられると、ネット上にさまざまな中傷が飛び交いました。

「これって要するに自分にとって都合の良いことが『事実』『真実』として出てくるまで気が済まないってことだろ。どんだけハタ迷惑なじじいだ」

「渡辺好男がその気なら、2ちゃんで叩きまくるだけだ」

愛する家族を亡くし痛手を受けている患者側が、なぜこのような苦しみを味わわなければならないのでしょうか。

患者・家族に残された手は裁判だけ

裁判が必要ないというわけではありません。裁判でしか明らかにならない事実もあります。大野病院事件でも、手術前に、女性の状態を知る助産師が医師に「大きな病院に転院したほうがいいのではないか」と助言したこと、出身医局の先輩医師が「応援の産婦人科医を派遣してもらったほうがいいのではないか」とアドバイスしていたことがわかりました。これは、福島県の報告書には書かれていないことでした。

日本医科大学付属病院であごの修復手術を受けたあとに急死した娘さんの父、高橋純さんは、裁判を終えて、次のように述べています。

最高裁による上告棄却は残念な結果であった。しかし、遺族としては、裁判の過程でたくさんの医学者・専門医による診療に対する点検、検討を受けた結果、娘の死の医学的真実が明らかになったことで提訴の意味は十分あったと考えている。

しかし、医療訴訟は時間がかかります（資料7参照）。平均審理期間は二年ほどで、長いものだと一〇年かかったりもします。原告に立証責任が課せられるため、専門的なことを調べ証明していかなくてはならず、労力も費用もかなり必要です。そして、勝訴率は三、四割でしかありません（資料8参照）。

ふつうに社会生活をしながら裁判を長期間続けていくというのは、とても大変なことなのに、それでもあえて裁判に訴えるのは、「真実が知りたい」という思いが患者側にあるからです。

また、たとえば、私の息子の事故の場合、警視庁は「医師が男児の病気を

	平均審理期間
1999	34.5（月）
2000	35.6
2001	32.6
2002	30.9
2003	27.7
2004	27.3
2005	26.9
2006	25.1
2007	23.6
2008	24.0

資料7
医事関係訴訟の平均審理期間
（最高裁のHPより作成）

	通常訴訟事件	医事関係訴訟事件
1999	86.1（%）	30.4（%）
2000	85.2	46.9
2001	85.3	38.3
2002	84.9	38.6
2003	85.2	44.3
2004	84.1	39.5
2005	83.4	37.6
2006	82.2	35.1
2007	83.5	37.8
2008	84.2	26.7

資料8
地裁民事第一審通常訴訟と医事訴訟の認容率
（最高裁のHPより作成）

＊認容率とは、判決総数に対して認容件数の占める割合。一部認容も含む。通常訴訟に比べ、医事関係の訴訟は勝訴になる割合がかなり低いことがわかる

正確に診断するのは難しかったと判断」（「朝日新聞」二〇〇六年一〇月六日）し、刑事事件としては扱われませんでした。

医師が診断を誤ったために、息子は適切な治療を受けられなかったのですが、これは普通の医療事故とちがい、「医師の不作為」にあたるというのです。誤って別の薬を投与してしまった場合などは、医療事故として、その罪を問うことも可能ですが、医師が誤診したうえで「しなかった」ことを問題とするのは、とても難しいといいます。

（調査報告書で）当直医は男児を軽い腸閉そくと誤診していたことが明らかになり、この医師が、日ごろから急患を意味なく待たせたり、入院後も病室に顔を出さなかったりと、診療態度がたびたび問題視されたこともわかった。
医の倫理の根幹にももとる態度だが、医療技術上の過失ではないだけに裁く対象にはならないとされる。だが、少なくともこの医師は、問題ある態度の延長で、重大な病状の見落としという医療過誤を犯したわけだ。
（読売新聞二〇〇三年八月一日付）

厚生労働省の医道審議会は、「刑事事件にならなかった医療過誤についても、医療を提供する体制や行為時点における医療の水準に照らして、明白な注意義務違反が認められる場合などについては、（行政）処分の対象として取り扱う」ということを、基本的な考え方としています。しかし、行政処分の内容は、「司法における刑事処分の量刑や刑の執行が猶予されたか否かといった判決内容を参考にすることを基本」として決定されるため、刑事に問われなかった事故については、行政処分も行われません。

私は、息子の事故のときに、警察に被害届を出しました。医師を刑事告訴するなんて……という声もありますが、病院がほんとうのことを話してくれないのであれば、ほかに手段はありません。捜査や裁判を通じて明らかにするしかない、と思いました。また、再発防止や再教育を含めた、ほんとうの意味での行政処分のしくみができなければ、遺族の願いは行き場がないままです。

私は結局、民事についてはその意義が見出せず、訴訟に踏み切りませんでした。

病院と遺族がともに医療安全に取り組む

菅俣弘道さん・文子さん夫妻は、二〇〇〇年に東海大学病院での医療ミスで娘さんを亡くしました。

娘さんの入院中に、内服薬を静脈に点滴するという事故が起こったのです。

菅俣さんに連絡が入ったのは事故から一時間半もたってからでした。その後の対応にも不備があり、菅俣さんは事故が隠蔽されてしまうのではないか、という不安から、警察に届けることを考えます。

しかし、病院は当初から、ミスを認めて謝罪をしました。その後、何度も話し合いを重ねていくなかで、訴訟をすることなく、菅俣さんと東海大学病院は和解しました。

事故から四年たった二〇〇四年の四月九日、娘さんの命日に、菅俣さん夫妻が病院職員八〇〇人の前で講演をすることになりました。私は、その講演を聞くことができました。

まず、事故当時の副院長が壇上に上がりました。

「今日は、いかに私たちの対応が不十分であったかを、あけすけに話します」

と言って、スライドを見せながら、事故の経緯、なぜ連絡が遅れたのか、連絡が遅れたことでどれだけ家族を傷つけてしまったかを話していきます。事故の経緯はとても具体的でした。こういう話は、遺族の思いをきちんと聞いた人でないとできない、なぜ病院側の人にこんな話ができるのだろうと驚きました。

菅俣さん夫妻の講演も驚きでした。最後に、文子さんが次のように述べたのです。

「事故が起きたことで、ものすごくつらい思いをしました。でも、娘が入院をしていた間、看護師さんやみなさんにお世話になりました。あの日、あわただしく帰ってしまったので、まだみなさんにそのお礼を申し上げていませんでした。この場で言わせてください。ありがとうございました」

遺族が、病院側にこんなふうにお礼を言う。信じられない、と思いました。続いて開かれた食事会では、病院側の人と菅俣さん夫妻とが同じ席に着き、笑いながらいっしょに食事をしているのです。また、信じられない、と思いました。

当時、私は息子の一周忌を終えたばかりで、まだまだ気持ちの整理はついていませんでした。病院との話し合いは途切れ、今後どう対応していったらいいのか、まったくわからなくなっていました。

その私にとって、遺族と病院側が歩み寄り、ともに医療安全をめざして取り組みを進めているという関係は、驚きでした。

病院は早い段階でミスを認め、謝罪しました。菅俣さんは一方的に医療者を責めるのではなく、感情的になるのでもなく、医療の安全のために、病院といっしょに取り組みを進めていくことを提案しました。そして、病院と菅俣さん夫妻は、いっしょになってこの会を成功させたのです。

私が民事訴訟を起こすことをやめたのは、医師の不作為を裁判で問うのは困難だという理由もあったのですが、やはり、この日の記憶、この日の衝撃が私のなかに残っていたことがあったと思います。

事実を認め、衝撃を受けとめてこそ

万が一事故が起こっても、病院側の対応によってはこんな関係ができる、こんなふうに解決できる。そして、その事故を再発防止に生かすことができる。

いま私は、菅俣さんの例は、決して特殊なことではないと思っています。患者・遺族の気持ちを知り、それを受けとめていけば、どこの病院でもできるのではないかと思うのです。

新葛飾病院でも、医療事故が起こったあと、「裁判を起こそうか」と考えたという方が複数いました。でも、いずれも訴訟までいたることはありませんでした。

菅俣さんは講演のなかで、よく、「医療者の方は『患者様が亡くなられた』みたいな言い方をしますが、うちの子は殺されたのです」という話をします。私も菅俣さんの事故が報じられた当時、週刊誌の「一歳半の愛する娘さんが殺されるまで」という見出しを見て、「殺される」という表現に愕然とした記憶があります。自分がまだ、被害に遭っていなかったこともあり、病院に「殺される」と表現するなんて、という思いがありました。でも衝撃的であっても、この感覚のちがいを医療者は事実として知らなくてはならないと思います。

被害者は過激だ、一方的だと言う人もいます。でも、私は医療者に「どうか被害者を恨まないでください」と言いたいのです。自分の健康を、あるいは最愛の人の命を失った苦しみを味わっている人に対して、病院が不誠実な対応をすれば、追いつめられていき病院や職員に対する恨みしか持てなくなります。

誠実な対応で訴訟が四割も減少

医療者のなかには、「訴訟を起こすのは、自分勝手な文句ばかりつけている人だ」と受けとめる人がいます。そういう人は、いわゆる「モンスター・ペイシェント」などと医療者が名づけたような問題と、訴訟になるような問題とを、ごちゃまぜに考えているのだと思います。

医療訴訟は、それほど簡単に起こせるものではありません。最初から負けるとわかっている裁判をあえてしようと思う弁護士はいません。患者・遺族がどんなに裁判にしたいという思いがあっても、それだけでは訴訟にまではなりません。

負けるかもしれないが、勝つ要素もある。言いかえると、訴訟になっている事件には、訴訟になるだけの理由があるということです。

元朝日新聞論説委員で、国際医療福祉大学大学院教授の大熊由紀子さんが、「訴訟になる場合、患者がクレーマーではないことは確かだ」と言っていましたが、そのとおりです。医療訴訟の原告に、医師や看護師など医療関係者やその身内が多いのも、そのことを裏づけているように思います。

たとえば、脳腫瘍と誤診され、行われた手術の失敗で三女を亡くし、九年半にわたる裁判をたたかった久能義也さんは病院長、そのご夫人の恒子さんは小児科医です。都立広尾病院事件の亡くなった永井悦子さんは看護師で看護学校の教師をしていました。裁判を起こした夫・裕之さんの息子さんご夫婦も内科医です。東海大学病院事件の菅俣さんご夫妻は接骨院を経営しています。東京女子医科大学病院事件で次女を亡くした平柳利明さんは歯科医師です。

医療のこと、医療現場のことがよくわかるからこそ、病院側の対応に納得がいかず、訴訟を起こす人もいるのではないでしょうか。これは逆にいうと、素人だけではなかなか訴訟にできないということも表しています。

被害者は、最初から紛争にしようなどとは思っていません。患者側が怒鳴りこんできたりすると、ああこれは紛争になる、訴えられるというふうに医療者は思いがちですが、その時点で即、紛争だとか裁判だということはありません。何が起きたかを知りたいと思っているだけです。情報開示がなされ、正直な説明がなされることを望んでいるだけなのです。

アメリカは医療訴訟が多い国として知られていますが、真相究明にしっかり向き合って、情報開示、説明義務を果たすということをしっかりやっている病院では訴訟が少ないのだと、アメリカの病院の人たちも言っていました。実際、イリノイ大学メディカルセンターでは、誠実な対応を心がけた結果、訴訟件数が四割も減ったそうです。

「逃げなかったことがうれしい」

新葛飾病院も、すべてのケースに謝罪しているわけではありません。清水院長は、はっきりしたもの以外は謝罪しません。事実を究明せずに、穏便にすませるためだけの安易な謝罪は、何の解決にもならないと考えているからです。

だから、私が患者さんと病院側の対話の場をつくっても、病院が謝罪をしないという一点で怒りをあらわにされるということは、いくらでもあります。

しかし、そこで止めてしまわず対話を続けていくことで、「なぜ院長が謝罪しないのか」ということに気づかれる方もいます。

ぜんそく発作で救急外来を訪れた患者が、診察中に心停止に陥り、意識不明になったということがありました。家族から、「担当医から詳しい説明がない。医療ミスではないか」という相談が、私のところにきました。病院の判断は、ミスではない、というものでした。

私は、家族を院長と主治医に引き合わせ、院長はカルテを見せながらこれがミスでないことを説明しました。しかし、家族は、「説明だけではおかしい。謝罪をなぜしないのか」と言います。説明が今日だけではないこと、引き続きいっしょに考えていきたいと話して、連絡を続けました。

ミスがあったと思っている患者・家族が、なかなか病院側の説明を受け入れられないことはあります。容態の悪化や症状の変化に納得できず傷ついているからです。病院がミスでないと考えている以上、すぐに謝罪をすることはありませんが、事実を調査し、情報をすべて開示して対話を続けていきます。

あるとき、家族の方がこう言いました。

「病院が逃げなかったことがうれしい」

患者や家族は、「いま話を終わらせると、二度と話し合いに応じてくれないのではないか」という不安を持っています。だから、病院としては対話を続けるという姿勢をきちんと伝えておきます。

医療に関する事故やトラブルは、命や健康に大きくかかわることですから、一度や二度の説明で納得できることはまれです。すぐに「問題のあるクレーマー」と思ってしまわず、粘り強く説明し、対話を続けていくことが重要なのです。

病院が逃げずに対応できるかどうか、それは日常的に事故やトラブルにどう対処しているかということでもあります。ふだんから患者・家族の話を聞く姿勢がなかったり、怒鳴りこまれたからといって急に態度を軟化させたり、逆にシャットアウトするような対応をしていれば、万が一の事態になったときにも同様の対応をして、「逃げている」「ごまかしている」と思われてしまうでしょう。

人材養成でなく、病院全体の「文化」をつくる

隠すことからは何も生まれない

隠すことからは何も生まれない、真実を隠せば病院側も苦しむということを意識として持つ、そういう「文化」を病院のなかにつくっていきたい、と私は思っています。

実際に事故が起きて、患者さんが重篤な状態に陥ったり亡くなられたりすると、医療者は「なぜこんなことが起きてしまったんだ」と呆然としたり、パニック状態になったりします。そういう状況に置かれても、「隠さない」「ごまかさない」「逃げない」と考えて、それを貫くというのはとても大変なことです。だから、病院内に、その当事者を支える人たちがいなければなりません。

ミスがばれたら孤立してしまうとか、みんなに責められるような「文化」が病院にあるならば、当事者はとても「隠さない」「ごまかさない」「逃げない」という気持ちにはなれないでしょう。

当事者の口から説明を聞きたい

事故は、それを引き起こした医療者にとっても突然のことであり、衝撃的なものです。ですから、過誤を認めたくない、事故を認めたくないという気持ちにもなりますし、なんとか自分の立場を守ろうという保身の気持ちも出てきます。

しかし、事故がなぜ起こったか、そこにどのような事情があり、どういう状況のなかで起こったかということは、事故を起こした当事者しか語ることができません。だから、患者や遺族は、事情を知る当事者から説明を聞きたいと思うのです。

中京大学法科大学院の稲葉一人教授は、「医療メディエーションから学ぶ」と題した文章で、次のように書いています。

（前略）事故の被害者・遺族の願いとして、「真実を知りたい」というが、この真実とはなにをいうのか。ここで、事実と真実、主観的真実・客観的真実等、認知論に始まる、哲学論争をしようとするのではないし、安易な相対主義に走るものでもない。

ここで、「だれから」という問いを入れて再度考えてみよう。真実・事実を知りたいとは、第三者機関であるモデル事業にご遺体を搬送して、解剖して、第三者の評価委員から聞きたいのであろうか、はたまた、裁判の手続を経て裁判官の口から聞きたいのであろうか。私たちは、調査を拒む雰囲気が残る医療機関を前にして第三者専門機関や裁判所という存在が必要なことを否定しないし、現在の状況からすると、これをまず積極的に作りあげなければならない。

しかし、それより前に、「医療者から」語られることが、患者・家族の癒し（時には怒りになる）となり、医療者にとっては、患者・家族に語り、謝罪することが、医療者自身の「癒しのプロセス」を導くものと考える。語りは、言語的なこと（バーバル）ばかりではないし、非言語的なこと（ノン・バーバル）も含むし、時に、後者からその真摯性を見取ることで、信頼が次第に回復することがある。

先に述べたように、事故の経緯をしっかりと説明し謝罪するなかで、病院側の当事者の思いが伝わり、少しずつ患者・家族に人を許す気持ちが出てきます。そこまでいって、ようやく患者・医療者双方の気持ちが回復します。刑事上の罪に問われるのではないかとか、裁判沙汰にならないように、というところから発想していくと、隠しておきたいことが多くなり、患者・家族に思いが伝わらず、どちらも救われない状況に陥ってしまいます。

それに、事故を起こした当該病院の人が事故の事実を知り、なぜ事故が起こったのかということを考えなければ、再発防止には結びつきません。

むしろ謝る場をつくる

ひとりの医師や看護師が謝りたいと思っても、怖さが先に立って、口にできないこともあるでしょう。周囲が「この状態で謝罪してはだめだ、まずは上におうかがいを

立て て……」と止めたり、スタッフどうしが責任の所在をめぐってぎくしゃくしたりもします。

まずは、関係者全員が情報を共有していくことが大切だと思います。そして、私は、事故の当事者をサポートしたうえで、当事者が謝罪する機会を設けるべきだと思っています。

息子の事故のとき、霊安室に集まってきたスタッフの表情からは、自分たちが大変なことをしたと自覚していることが感じられました。謝罪したい、そして再発防止に力を入れたい、と思ってくれた人がいたからこそ、内部告発があったのだと思います。けれど、病院にシャットアウトされた状態が続き、私はスタッフたちの思いを感じることができませんでした。

三年目の命日に、当事者の看護師から謝罪されてはじめて、この人も三年間苦しんできたということを知りました。

当事者は事故を起こしたことで傷ついているのだから、その人を患者・家族の面前に出すのは可哀想だ、ほかの人が対応するべきだという意見もあります。でも、私はむしろ当事者のためにも謝罪する機会を設けるべきだと思います。

もちろん、そのためには、病院自体が事故をきちんと受けとめる姿勢を持ち、心のケアも含めて当事者を支えていかなければなりません。

個人の責任として切り捨てていいのか

都立広尾病院の医療ミスで妻・悦子さんを亡くした永井裕之さんは、事故から八ヶ月後に謝罪に訪れた看護師ふたりに、次のように話したといいます。

> ぜひとも、今後早く立ち直り、この苦い経験を糧にして、自己研鑽によって専門力を充足させてください。そして、患者を最優先する看護の質の改善と、後輩の指導などによって看護婦の道をきわめてください。看護婦として人生の長い時間を生き、その後も看護婦養成の教師として活躍した悦子も、同じ思いで見守っていると思います。
>
> （『都立広尾病院「医療過誤」事件　断罪された「医療事故隠し」』あけび書房）

看護師ふたりは、刑事裁判によって執行猶予付の禁固刑を言い渡されました。

判決は妥当だと思いつつも、永井さんは「事故後の病院や都の対応のなかで、看護婦が自分のミスを素直に謝罪したり、真実を語る機会を奪われたのも事実にちがいないと私は思っていた。その点で、ふたりは同時に被害者でもあると考え」ました。そして、判決後に、ふたりの看護師が免職されそうだという噂を聞いた永井さんは、都知事宛てに、彼女らを免職しないよう訴える手紙を書きました。

永井さんは、民事で訴訟を起こすなど、病院とはずっと争ってきましたが、それは病院の対応に納得できなかったからです。広尾病院の事故はかなり新聞などでも取り上げられたため、医療者のなかには永井さんを「過激な被害者」のようにとらえる人もいますが、彼は誠実に謝罪をした看護師に対しては、許すだけでなく、その立場を守ろうともしたのです。看護師ふたりは結局、解雇されてしまいましたが、永井さんとふたりは、いまも交流を続けています。

少し話がそれましたが、医療事故が起きると、この例のように当事者だけに責を負わせようとすることがあります。

息子の事件があったあと、その病院の副院長は、別の病院に移り、院長となりました。そこの職員向けの文書に、息子の事件について、次のようなことを書きました。

この当直医は、着任早々から救急患者さんや受け持ち患者さんへの対応が悪く、救急患者さんをなんだかんだ理由をつけて断る、あるいは受けても意味もなく待たせる、入院患者さんのベッドに一度も顔さえ出さない日が度々ある、看護師等、他職種者の意見や申し出には一切耳を貸さないなどの報告が数多く上がって来ており、当時の院長が直接本人を呼んで再三再四にわたって注意をしていた事実があります。

（中略）

たったひとりの不心得者のために、病院全体が悪者になってしまったのだと、当時の管理責任者のひとりとして、私自身も反省しています。

内部告発文書が複数寄せられていたこと、またその後わかったことから見て、この当直医にはやはり何か問題があったのだろうと思います。

しかし、そのことと、このようにひとりの責任として切って捨ててしまうこととは、別の問題です。

スタッフ間のコミュニケーション不足

私の息子の死には、医療スタッフ間のコミュニケーション不足という問題があったと思っています。

最初に当直医が「絞扼性イレウス」を「麻痺性イレウス」と誤診しました。ひとりの医師が判断を誤るということはあると思います。この医師が日勤の医師に引き継ぎをするときに、きちんとCTやレントゲン写真を渡していれば、日勤の医師は誤診に気づいたかもしれません。しかし、当直医は口頭で「イレウスの患者が入院した」と伝えただけで、CTやレントゲン写真は救急外来に置かれたままになっていました。

看護師の間でも同様でした。最初に救急外来の夜勤の看護師は非常に危機感を感じていたにもかかわらず、救急外来の日勤の看護師へ、病棟の看護師へと引き継がれていく間に、いつのまにかそれが薄れ、経過観察が緩慢になっていき、最後はだれも息子の病状の悪化に気づかなかったのです。

医師と看護師のコミュニケーションがうまくいっていれば、看護師の危機感を医師が受けとめて診察し直すとか、日勤の医師に強く働きかけたかもしれません。

医療は、チームで行うものです。ひとりの医師、ひとりの看護師だけで患者を診つづけることはできません。チームで情報が共有されるなかで、精査されて、誤診やミスのリスクが減らされていくのが本来だと思います。しかし、コミュニケーションがうまくいっていないと、情報が伝わっていきません。どこかで情報が分断され、患者が置き去りにされてしまうのです。

その意味で、医療現場でのスタッフのコミュニケーション不足は、医療の質を劣化させるものといってもいいと思います。

医療事故やミスは、だれかひとりのスタッフにすべての責任があるという状況は少ないと思います。コミュニケーションの問題やシステムの問題、あるいは人手不足や機器の不備など、その病院全体が抱えている問題が、直接的に、あるいは間接的にかかわっているはずです。

だからこそ、事故が起こってしまった場合は、「あの人がミスをしたのであって、私たちには関係ない」という態度ではなく、病院全体として対処を考えていく必要があります。

病院の基本姿勢として大切な三原則

新葛飾病院の清水院長は、病院の基本姿勢として、

「うそをつかない」

「情報を開示する」

「ミスがあれば謝罪する」

という三原則が大事だとよく話します。三つともとても単純なことですが、その単純なことを実行するのは、病院という組織にとってなかなか大変なことです。この三原則をいかに、実際の現場で実行していくか、そのしくみをつくり、その姿勢を病院職員全員が持てるような「病院の文化」にしていくか。これはとても大きな課題です。私は、セーフティー・マネージャーとしての仕事の大きな柱のひとつは、この「病院の文化をつくる」ことだと思っています。

心の中では謝りたいと思っていても、組織の一員として縛られているためにそれができず、苦しむ医療者がいます。

一方で、病院は事故を反省して再発防止策を講じ、安全対策に力を入れているのに、それを知らされないまま、事故が無駄であった、何にも生かされていないと思い、苦しみつづけている患者・家族がいます。

私自身、セーフティー・マネージャーになったあと、さまざまな医療安全研修に参加するようになってはじめて、医療安全対策についてかなり努力している病院があることを知り、驚きました。こんなにがんばっているのに、患者・家族にはまったく伝わっていない。これでは両方とも不幸ではないかと感じました。

そういう不幸な行きちがいをなくすためにも、患者・家族と向き合い、お互いを知ることが必要です。そして、その一歩はまず医療者側が踏み出さなければなりません。新葛飾病院では、次のような位置づけで、毎月研修会を開き、スタッフの意識を高めてきました。

①医療において、患者と医療者が話し合える場を持つための過程を考える。
②謝罪・見舞いなど、事故後にあるさまざまなできごとの意味、医療者としての振る舞いについて考える。

③患者とのコミュニケーションの技法を教えられるものととらえず、医療の現場において自分たちで考え、実践していくための過程のなかで習得する。
④事故後のコミュニケーションだけでなく、事故前のコミュニケーションをどう高めていくかも考える。

このような取り組みのなかで、スタッフの意識が変わってきたのでしょう。以前は、患者さんがほめる医療者はだれが見てもいいな、と思う人だけでした。しかし、最近、チームワークのよさをほめられたり、さまざまな立場のスタッフについて肯定的な意見が寄せられるようになりました。それにしたがい、職員間のコミュニケーションエラーに関する苦情もかなり少なくなってきました。

重要なのは院長やトップの姿勢

「あなたの行動はよくないよ」と同僚に言うのは難しいことです。とくに、看護師が医者になど、他職種間になるとなかなかできません。気づいていても言えないために、患者から苦情・クレームが来てはじめて表面化する、そのときには問題が大きくなってしまっている、ということになりがちです。

個人のレベルでなく、組織としての病院の文化を変えていくためには、院長やトップがどれだけそのことに力を入れていくかという姿勢、そして組織としてそのためのシステムをどうつくっていくのかが重要なのです。それがなければ、いくら研修を行っても、医療の質、病院の質を高めることにはつながりません。

息子の事故のとき、じつは病院側は、内部告発があったことを、その日のうちにつかんでいました。つまり、私たちがカルテ開示を受けたとき、「これ以上は第三者に判断していただかないとわからないかもしれませんね」と言ったときには、知っていたのです。しかし、内部告発があっても強い態度で臨めばよい、とトップは考えていたのだと思います。

トップがそういう姿勢でなく、誠実な対応をしようと考えていたならば、内部告発者は、病院のなかでの対応に心を尽くしたでしょうし、内部告発にいたらなかったでしょう。

また、病院が事故調査報告書を私たちに渡すのが遅れたのには、じつは理由がありました。東京都の第三セクターが運営する病院だったので、事故報告書を都議会に提出しなければなりません。記者会見を開き、都議会に提出するその作業に時間をとられてしまったので遺族に渡すのが遅くなったと言うのですが、このことも、まず第一に遺族のことを考えるという姿勢がトップになかったことを表しています。

現場で小さな変革を積み重ねていく

重大な事故を「アクシデント事例」と呼ぶのに対し、事故にまでいたらなかったけれど、一歩まちがえれば事故になりかねないミスや失敗を「インシデント事例」と呼んでいます。

医療界でインシデント事例の重要性が指摘されはじめた二〇〇五年ごろは、新葛飾病院でも職員に抵抗があり、なかなか報告が上がってきませんでした。そんなことを報告したら上司から責められるのではないか、同僚からなじられるのではないか、という不安が強かったのだと思います。でも少しずつ、報告が上がってくるようになりました。

今度はその事例をひとつひとつ分析して院内できちんと共有しよう、ということになると、またそこで不安の声が上がります。「ミスをおかした本人が傷ついているのに、みんなの前でそれを話すのはどうか」「本人は反省しているのだから、もうそっとしておくべきではないか」という意見も根強くありました。個人を責めるのではなく再発を防ぐために共有する、システムを改善することで個人を責めないようにする、ということを共通理解にするために、またしばらくの時間がかかりました。

しかし、それでも少しずつ、「三原則を大事にする文化」が病院のなかに根づいてきているように感じます。

文化というのは、すぐにつくれるものではありません。研修などで学び意識を高めつつ、日常の現場でそれぞれが小さな変革を積み重ねていくなかで、少しずつ少しずつ形づくられていくものです。「うちの病院は何も変わりそうもない」などとあきらめず、努力を続けていってほしいと思います。

「まわりの関係者はすべて支援者」

アメリカの医療安全への取り組みの話を紹介すると、スタッフの数が多いからだ、日本は医療スタッフの数が少ないからできない、という反応が返ってくることがあります。でも、スタッフが多くても、それだけでは機能しないと思います。

神奈川県看護協会の安井はるみさんが『犯罪患者・家族支援とは何か――附属池田小事件の遺族と支援者による共同発信』（ミネルヴァ書房）という本を紹介してくれました。このなかに、次のような記述があります。

> 犯罪患者・家族およびその家族への支援を考えるとき、被害者と専門家との出会いが支援の始まりではない。犯罪被害に遭ったその瞬間から、まわりの関係者はすべて支援者としての意識をもって行動すべきである。この意識から支援の可能性は大きく広がるのである。

池田小学校事件の被害者の声を聞いて、まとめられた「被害直後の支援」のいちばん最初にあげられた項目です。

これは、医療事故の患者や遺族にもあてはまるのではないかと思います。事故に遭った直後から、「まわりの関係者はすべて支援者としての意識をもって行動する」。

これにあてはめれば、医療事故の場合は、病院職員全員が関係者であり、支援者であるという意識が必要なのです。当事者や安全管理を担当する人だけが関係者ではありません。

よくありがちなのは、一部の意識的な人だけが十分な対応をし、それ以外の人は何もしないというケースです。

新葛飾病院でも、院長がやってくれるから私たちは努力しなくても大丈夫、患者支援室があるから私たちには関係ない、みたいな意識が出てきたことがありました。

たとえば事故後の治療のために入院した患者がいた場合、当事者は反省しているようだし、謝罪もしてくれた、院長や医療安全担当者も誠実に対応してくれた、しかし日常的に接する医療スタッフがまったく反省している様子もないということでは、「やっぱりこの病院は何もわかっていないんじゃないか」と思われてしまうでしょう。

そういう意味でも、常日頃から職員ひとりひとりが高い意識を持っていて、万が一の事態でも対応できるような、病院全体の文化というのをつくっていく必要があると思います。

患者・家族と医療者が向き合うための一歩

新葛飾病院で、医療者間の対話を促進するための院内研修会を毎月一回、開催してくるうちに、この活動を外部に広げていく必要性を感じました。そこで、「医療メディエーション研究会『架け橋』」という研究会を設立しました。発起人は、医師三名、看護師三名、遺族二名、法律家一名の九名です。


その後、活動を広げ、医療者が患者や家族の思いを学び、気づいたことを行動に移して患者との信頼関係をつくることをめざして、二〇〇八年九月に、「架け橋――医療者と患者・家族間の信頼関係をつなぐ対話研究会」に名称を変更しました（資料9参照）。

「架け橋」は、医療者に向けて、定期的に研修会を開いています。

1 傷ついた気持ちに寄り添う

医療事故が起きると、患者・家族も医療者も深く傷つく。関係者の気持ちに最大限配慮することを大切にする。

2 関係者の話を聴き、いっしょに考える

関係者の思いを理解するため、「聴く」に徹することからはじめる。そのうえで、患者・家族、医療者を支え、提案やアドバイスをするのではなく、これからどうしていくかをいっしょに考えていく。

3 患者・家族、医療者を心から尊重する

患者・家族、医療者の気持ちを心から尊重し、それを理解しようとすることが大切。患者・家族、医療者の感情をコントロールしてはならない。

そのためのスキルトレーニングは必要だが、マニュアル的スキル（聴く技術・言い換えの技術）に終わってはならない。

4 肩代わりするのではなく、向き合うことを支える

代わりに謝罪するなど、「当事者の代行」はしない。患者・家族、医療者自身が自分たちで向き合えるように支え、環境の整備をする。

5 公平性・中立性を超える

中立性という指標は、患者・家族と医療者との信頼性を得るためのものだが、病院職員という立場は「公平・中立」には見えないことがある。傷ついている人に対して、ときには一方に寄り添うことで、信頼関係をつくる必要もある。

6 医療事故分析の調査には、携わらないが連携する

医療事故分析の調査には直接携わらないが、適切な連携が必要である。

7 小さな信頼から大きな信頼へ

事故後の対応・ケアとして、正答や唯一の方策といえるものはない。患者・家族と医療者が誠実に対話をすることを通して、小さな信頼が積み重なって大きな信頼に結びつくようなプロセスを支える。

資料9　架け橋がめざす活動（のちに「医療対話推進者に必要な７つの心得」）

たとえば、二〇〇九年九月に開催したセミナーは、「患者のストーリーから学ぶ」をテーマに、医療事故に遭われた遺族の方にその体験を話していただき、それを踏まえて、意見交換を行いました。その方は、ただ怒りや憎しみを語るというのではなく、一部の当事者が裁判のなかで事実を語ってくれたことや、悲しみや怒りを受けとめてくれた医療者の存在に心が救われたことなどを話してくれました。

患者と医療者が話し合える場が必要だと思い、お互いの事情や苦しさを理解したいと願っている人は少なくありません。大切なのは、そのための一歩を医療者が踏み出すことです。今後もこのような研修を重ねていきたいと思っています。

患者支援員養成とNPO法人化

その後、二〇〇九年に実施された院内相談員養成のための補助金制度を経て、架け橋研究会では従来の「院内相談員」を「患者支援員」と改めました。

さらに翌二〇一〇年一〇月からは、患者支援員を養成するための研修をスタート。これまでの経験から、患者からの相談窓口を担う担当者には、どうしてもある種の専門性が求められると痛感していたからです。

患者支援員研修は二〇一一年一二月までに、東京（二回）、大阪、北海道の三都市で合計四回開催しました。

研修の内容は、医療事故に遭遇した家族の語り、医療安全、法律、患者の権利、インフォームド・コンセントなどの基礎知識や、実際に発生した事例の検討会や演習などです。院内相談員の養成のために厚生労働省が定めていた内容に沿って企画しました。

こうした人材養成に携わる経験と実績を踏まえて、架け橋研究会は次のステップへ進むことになりました。ＮＰＯ法人化です。二〇一二年四月、「患者・家族と医療をつなぐＮＰＯ法人架け橋」（以降、「ＮＰＯ法人架け橋」）が誕生することになりました。

被害者を支え救済するために

話し合いによる解決をめざすＡＤＲ機関

二〇〇七年ごろより、医療界でも、裁判ではないかたちで問題を解決していく別のしくみがつくられるようになりました。

ひとつは、いわゆる医療ＡＤＲ機関です。

ＡＤＲ（Alternative Dispute Resolution＝裁判外紛争解決）という言葉が示すように、裁判ではないけれど、第三者を仲介において、話し合いで解決をはかろうというものです。

いろいろな考え方がありますが、おもに弁護士が中心にその組織づくりをしているようです。たとえば東京では、東京の三つの弁護士会が「紛争解決センター」を立ち上げています。仲裁人（弁護士）が間に入って双方と対話を持ち、解決の方向に持っていくという機関で、患者・家族からでも、医療者側からでも申し立てができます。地域によっては、医師会などで、医師が仲裁人になって対話を持ち、解決をはかる機関をつくっているところもあります。

新葛飾病院でも、一件、紛争解決センターにお願いし、和解することができました。手術中に一パーセントの確率で起きることが起きてしまいました。それは防ぎようのないことなのだという説明は主治医が事前にしていたのですが、実際にそういう事態になってしまうと、どうしても心情的におさまらない。何度か話し合いをしたのですが、なかなか解決が難しいということで、患者さんと相談のうえ、紛争解決センターに間に入ってもらったのです。仲裁人は双方の話をひとつずつ聞いてくれ、整理していってくれました。

産科医療補償制度がはじまった

ふたつ目は、無過失補償制度です。

「過失がないのに補償するとはどういう意味か」と思う人がいるかもしれません。医療では、過失があったかどうかが不明な事例も少なくありません。また、過失のある・なしに関係なく、患者・家族は実害を被ることがあります。

そこで、患者・家族を救済し、また過失を問われ賠償責任を負わされることで病院・医師が医療に消極的になってしまわないように、と考えられたのが無過失補償制度です。欧米などでは、ワクチンの接種に対してこの制度が設けられている国もあります。日本では、無過失医療補償の一種として、二〇〇九年一月から産科医療補償制度がスタートしました。赤ちゃんが脳性麻痺で生まれた場合に、医療者側の過失の有無にかかわらず補償をします。

脳性麻痺は、過失があるかないかの判断が非常に難しいため、このような制度で家族の経済的負担を少しでも軽くしようというのがねらいです。

当初、この制度には患者・家族から反対の声が上がりました。このような制度をつくると、どうしても「原因はともあれ、残念でした」とお金を渡されて終わり、というような事務的な処理をされてしまい、過失があった場合にもその責任が曖昧にされ、再発防止にも役立たないのではないか、と考えられたからです。

そこで、補償するだけでなく、再発防止の機能を併せ持つ制度として、創設されたのです。創設の目的には、「分娩に関連して発症した脳性麻痺児およびその家族の経済的負担を速やかに補償」することだけでなく、「脳性麻痺発症の原因分析を行い、将来の脳性麻痺の予防に資する情報を提供」することが加えられました。

原因分析にあたっては、分娩機関の意見だけでなく、患者とその家族からの意見も聞くことになりました。私はこの制度の原因分析委員会の委員をしています。医学的知識のない私が委員になっているのは、患者側の意見を取り入れるためだと思っています。

事故が起きたときに患者・家族の声を聞くということは、私たちがずっと考えていたことで、このような制度ができたのは、とてもよいことですが、制度が実際適用されるかどうかは、私たちが今後しっかりチェックしていきたいと思っています。

その役割は現在も続いていて、七年目になります。

第三者機関としての医療事故調査委員会

三つ目は、厚生労働省が進めようとしている医療事故調査委員会の設置です。医療事故（死亡事故）が起こったときに、事故の調査をする機関を、第三者機関として立ち上げようということです。

交通事故や犯罪は、警察という当事者とまったく関係ないところが調査します。しかし、医療事故の場合、刑事で問われるような事件でないかぎり、警察は介入できず、病院内の調査委員会などが調べます。調査委員会が、事実を明らかにしてくれればもっともいいのですが、どうしても病院側に不利な事実は表に出したくないという傾向があります。

厚生労働省は、二〇〇七年の四月から、「診療行為に関連した死亡に係る死因究明等の在り方に関する検討会」を設置しました。この検討会に、私は遺族代表の委員として加わっています。

現行では、医師が検案して異状があると認めたときは二四時間以内に警察に届出をし、司法解剖することになっています。第三者的な調査機関ができたら、調査機関に届けることになりますが、そのための組織はどういうものがいいか、どの範囲を届け出るのかということを検討してきました。

私は遺族の立場から、次の四つの点を主張しました。

①調査過程に遺族が参加すること。少なくとも遺族への聞きとりは不可欠
②遺族にわかりやすい手続き
③行政処分と再教育のあり方
④遺族と病院の間の対話の必要性

検討会は、二〇〇八年六月に「医療安全調査委員会設置法案（大綱案）」を出しました。医療者、法律家、遺族等が意見を出し合ってじっくりと議論を重ねながら、この法案が通ることを目標にしていました。

医療事故調査制度への道

検討会は翌年末まで一年半ほど続きました。しかし二〇〇九年、自民党から民主党に政権交代したことで風向きが変わってきました。もともと民主党は、医療事故調査を行う第三者機関を設置するための大綱案には反対の立場でした。

彼らは、厚労省にて二〇一〇年三月に「医療裁判外紛争解決（ADR）機関連絡調整会議」を、六月には「死因究明に資する死亡時画像診断の活用に関する検討会」を設置しました。

簡単にいえば、前者は、医療事故やトラブルを裁判ではなく話し合いで解決することが目的であり、後者は、死因究明の判定率を高めるために、遺体を傷つけることなく実施できる方法として死亡時の画像で診断（いわゆるA-i＝Autopsy imaging［オートプシー・イメージング］）する方法について検討しようというものです。このふたつのしくみは、決して必要のないものではありません。むしろ遺族側から見て、どちらも必要なものです。

しかし、前者のＡＤＲで原因究明を求めるのは難しいですし、後者については、検討会のとりまとめで出された「死因究明に資する死亡時画像診断の活用に関する検討会　報告書（Ｐ９）」に、「その有用性と限界を十分に踏まえつつ、適時・適切に活用することで（後略）」とあります。Ａｉの限界を踏まえて活用する必要があるという条件がここに示されており、死因究明は解剖をしなくても大丈夫と言い切れるものではないことがわかります。

こうした風向きを見ていると、医療事故調査の必要性について重ねてきた当初の議論からどんどん論点が離れていくようで心配でした。

一方そのころ、日本医師会では、医師の行政処分や再教育について考える医療事故責任問題検討委員会が設置されました。

医療事故の当該医療者に対する再教育にもっと力を注いでほしいと願っていた私も、患者の立場を代表する者としてメンバーに加えていただきました。

医師、法律家の方々と具体的な事例をもとに話し合い、それらを踏まえて、二〇一三年三月に「医療事故による死亡に対する責任のあり方について――制裁型の刑事責任を改め再教育を中心とした行政処分へ」という答申が出されました。

その後、八月には厚労省において「医療の質の向上に資する無過失補償制度のあり方に関する検討会」が設置され、私も構成員として参加しました。しかし、構成員の中から、

「無過失補償の議論をする前に、医療事故調査の検討を先に行うべきだ」

という意見が出されたのです。

無過失補償というのは、医療者側の過失の有無にかかわらず、不幸にして事故になってしまった場合、相応の補償金が下りるというシステムです。この制度も必要のないしくみではありませんが、このシステムだけでは患者・家族側が求める原因究明に結びつかず、医療機関側のリスクを軽減する策と取られてもしかたがありません。

そうしたことよりも、いちばん大事なのは、事故が起きた理由を明らかにするしくみをつくり上げることではないか――そんな意見が出るのも当然のことでした。

これをきっかけに二〇一二年二月、「医療事故に係る調査の仕組み等のあり方に関する検討部会」がはじまりました。さいわい私は、この部会にも参加することができたので、ここでも遺族代表として、また市民団体である患医連のメンバーとしても発言しました。

二〇一三年五月までに十三回開催された検討部会を受け、厚生労働省は同月、「『医療事故に係る調査の仕組み等に関する基本的なあり方』について」をまとめました。

患医連としても翌年五月には、各政党最高責任者並びに厚生労働大臣に対し、「医療事故調査制度創設のための集中審議を求める要望書」を提出しました（資料10参照）。

その後、六月一〇日、私は参議院厚生労働委員会に参考人として呼ばれ、参議院議員の方々の前で意見を述べました。緊張してしまい、どこまでしっかり話ができたかわかりませんが、とにかくはじめなければ何も進まないし、よくもなっていかない、という思いで必死に訴えました。

信頼される医療事故調査制度にするために考えなければいけない課題として、患医連は次の点などをあげました。

1　遺族への説明・報告
原因究明の調査報告書を遺族に渡し、報告書も踏まえ説明すること
2　調査メンバーのあり方

参議院厚生労働部会　参考人　豊田郁子資料
（各党最高責任者並びに厚生労働大臣宛に要望）

・・・・・・・・・・・・・・・・・・・・・・・・・・・・・・・・・

平成26年5月18日

患者の視点で医療安全を考える連絡協議会
代　表　　永　井　　裕　之

参加団体：医療過誤原告の会
医療事故市民オンブズマン・メディオ
医療情報の公開・開示を求める市民の会
医療の良心を守る市民の会
陣痛促進剤による被害を考える会

医療事故調査制度創設に関する集中審議を求める要望書

要望の趣旨

参議院厚生労働委員会及び参議院本会議において医療事故調査制度創設に関して集中審議を行うことを要望します。

要望の理由

私たちは、医療事故の原因究明・再発防止を推進し、医療安全の向上と医療の質向上に資する「医療版事故調査機関」の早期創設を実現すべく活動しています。

今通常国会に、「地域における医療及び介護の総合的な確保を推進するための関係法律の整備等に関する法律案」が上程され、医療法改正により第三者医療事故調査機関の設置を含む医療事故調査制度を法制化することが予定されています。同法律案は、本年5月15日の衆議院本会議で、与党の賛成多数で可決され、参議院に送付されました。

医療事故調査制度の創設は、平成25年5月29日「医療事故に係る調査の仕組み等に関する基本的なあり方」に基づいて法制化するものです。法律では制度の骨格が定められ、運用のあり方は上記法律案の成立後に作成が予定されているガイドラインに委ねられるところが大です。医療事故の再発防止に資する、公正中立性・透明性・専門性の確保された医療事故調査制度を創設・運営するためには、立法の場で制度のあり方、今後の運用につき十分な議論を尽くし、その議論を制度に反映していくことが必要です。

ところが、上記法律案は５０もの法律の改正を行う一括法案であり、主に介護に関する法律改正を巡り与野党で熾烈に意見が対立し

資料10　2014年5月に患医連が各党及び厚労大臣宛に提出した要望書（冒頭部分）

中立性・透明性・公正性を確保するためには、調査及び運営に医療事故被害者で医療事故再発防止に取り組む者の参加が必要

3

調査の仕組み

・中立性・公正性を担保するためには、都道府県単位ではなくブロック単位にしたほうがよい

・利益相反の防止、調査分析の均一性を早期に確立することが必要

4

調査の対象

・医療機関が届出をしない事例や医療機関の管理者による意図的な事故隠しを少なくするために、遺族や病院職員が第三者機関に相談ができる窓口を設ける

・第三者機関が精査したのち調査が必要と判断した場合は、当該医療機関に調査を要請する仕組みを組み入れる

5

調査費用：公的な費用補助

・院内事故調査には公的な費用を用い、医療機関に全負担を求めない

・日本の医療安全と質の向上に資するための事故調査・再発防止を目的とする

第三者機関の運営自体に、公的費用補助を行い、国として医療事故防止に取り組む

・遺族の負担する費用は、当初は無料として開始すべき

そして二〇一四年六月一八日、医療法改正によって、ついに医療事故調査制度が成立。制度の施行は、翌二〇一五年一〇月一日となりました。第三者機関の設置も盛り込まれています。

このころの私は、とにかく制度をはじめなければ何も進まないという思いが強く、制度の早期開始を心から願っていましたが、一方でいくつか懸念もありました。

今回の制度は、第三者機関が中心となって医療事故調査を行おうとした大綱案とはちがい、第三者機関へは医療事故の報告をすることのみが規定されているのです。

つまり、基本的には当該の医療機関が事故調査を行うことになります。院内でなければできない調査や事実が判明する可能性はありますし、なにより当該の医療機関自らが医療事故調査に当たるのは、責務を負う意味でも正しいあり方だと思います。遺

族に対する誠意にもつながるでしょう。

しかし、日本の医療安全の取り組みや医療事故調査の歴史はまだ十数年で、対象となる大学病院から診療所や助産所にいたるまで、各医療機関が事故調査の専門的な技術、手法、経験などを持ち合わせているとは、とうてい思えません。

そのような現実を踏まえて、内科学会や外科学会、日本医療安全調査機構が「診療行為に関連した死亡の調査・分析モデル事業」を通して、第三者機関の機能を充実させるための実績を積んできたのです。

まだまだ院内だけでなく、第三者機関を中心に事故調査を行っていかないと難しい段階だと思っていた私は、検討部会のなかで、院内事故調査を主とするのは時期尚早ではないかという旨の発言をくり返ししました。

しかし、そのたびに医師の構成員から「院内で調査は十分可能だ」と反対され、最終的には院内で行う方向になったのです。

ついに法制化された医療事故調査制度

この医療事故調査制度は本来、患者が予期せず死亡した医療事故を対象に、原因を分析したうえ再発防止につなげるための制度です。

附帯決議として、あくまでも中立性、透明性、公正性や専門性を確保したうえで、医療事故の原因究明と再発防止を推進することが明記されています。また、医療の質と安全性の向上に役立つ制度としてしっかり運用されるために、適切なガイドライン（施行される政策・施策などの望ましい指針）の策定が必要ともありました。

そこで次に、ガイドラインを作成するための「診療行為に関連した死亡の調査の手法に関する研究」班（平成二六年度厚生労働科学研究）が立ち上がりました。この班の遺族代表として、私と患医連の永井裕之代表のふたりが選ばれました。

死亡調査についての話し合いは、想像以上に大変でした。

たとえば、ある医師がこういうことを言います。

「医療事故調査の報告書は、かならずしも遺族に渡す必要はない」

遺族代表の私たちが返します。

「難しい医療用語を使って口頭で説明されても意味がわからないので、報告書は提出してほしい」

すると、「裁判で使われたら困る」といった内容の主張が延々とくり返される。こんなやりとりがいつまでも続き、話がなかなかまとまりません。

それもあってか、厚生労働省は医療事故調査制度の施行に係る検討会を別途スタートさせ、議論の場は厚労省に移りました。厚労省が開催する検討会は、一般の方も傍聴が可能です。この検討会でも、報告書を渡す、渡さなくてもよいと意見が分かれ、時間を延長して話し合う回もありました。一筋縄ではいかない議論でしたが、最終的に法令・省令・通知がまとまり、ガイドラインも完成しました。

いよいよ、一〇月の制度施行開始に向けて具体的な準備をする段階に入ったのです。

第三者機関「医療事故調査・支援センター」の誕生

七月になっても第三者機関がなかなか指名されず、制度施行に間に合わないのではとないかとヤキモキしましたが、八月中旬に一般社団法人日本医療安全調査機構が指名（医療法第6条の15第1項の規定に基づき厚生労働大臣が定める団体「医療事故調査・支援センター」平成27年8月17日付厚生労働省告示第348号）され、「医療事故調査・支援センター」（以下、支援センター）として、一〇月一日から第三者機関の役割を果たすことに決まりました。

死亡事故が発生した際、当該の医療機関（病院）は、第三者機関である「支援センター」に事故が起きた報告を遅滞なく行い、自院内で迅速に事故調査を実施します。その調査結果は、遺族と支援センターに報告することが義務づけられていますが、医療機関（病院）の説明を受けた遺族が納得できなかった場合は、支援センターに調査を依頼することができます（資料11参照）。

しかし、ここで無視できない点がふたつあります。

それは、個々の患者が被ったそれぞれのケースが「医療事故」に該当するかどうかをいったい誰が判断するのか、ということです。今回の制度では、医療機関（病院）の管理者（病院長）が行うことと定められています。院内で担当者らが合議することになりますが、最終的には病院長が医療事故には当たらない、と判断したら、支援センターへ報告されることはないのです。

さらにいえば、遺族自らが「医療事故」として問題提起を行い、支援センターに調査を依頼できるしくみにもなっていません。

それでも、長い年月と多くの話し合いを経て誕生した医療事故調査制度には、大きな意義があります。日本の医療界が今後ますますよい方向に変わっていくきっかけになったことは、まちがいないと思っています。


医療法（第三章　医療の安全の確保）に位置づけられているとおり、医療の安全を確保し、医療事故の再発防止を実現することが医療事故調査制度の大きな目的です。同法では、医療事故は「当該病院等に勤務する医療従事者が提供した医療に起因し、又は起因すると疑われる死亡又は死産であって、当該管理者が当該死亡又は死産を予期しなかったもの」と規定されています。

本制度における「医療事故」の範囲は、「医療従事者が提供した医療に起因し、又は起因すると疑われる死亡又は死産」であって、「当該管理者が当該死亡又は死産を予期しなかったもの」です。このふたつを満たす場合だけが、支援センターへの報告対象

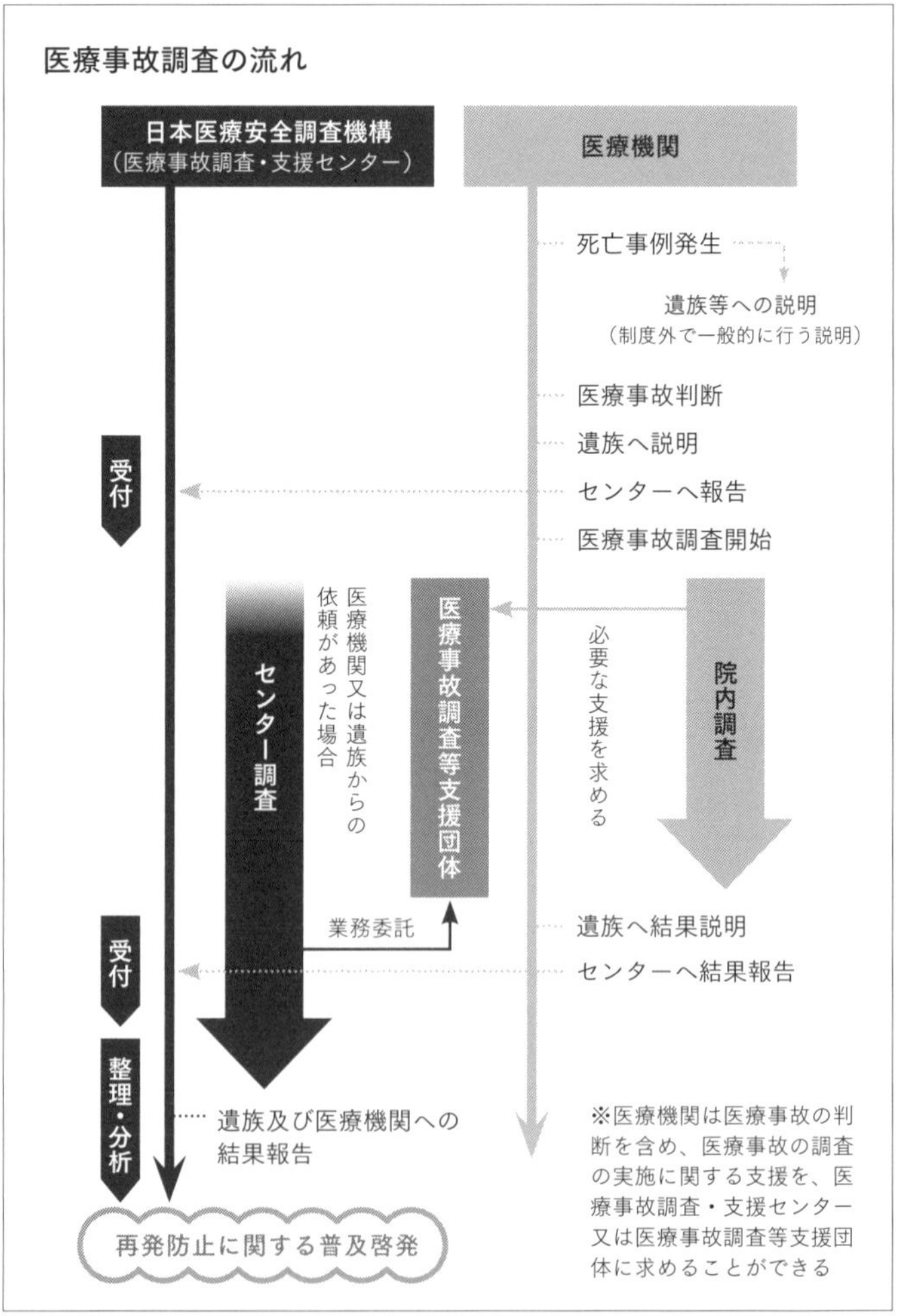

資料11　医療事故調査のフローチャート（日本医療安全調査機構HPより作成）

医療事故に該当する対象

病院、診療所又は助産所に勤務する医療従事者が提供した医療に起因、又は起因すると疑われる死亡又は死産であって、当該管理者が当該死亡又は死産を予期しなかったものとして省令で定めるもの。

	○ 医療に起因し、又は起因すると疑われる死亡又は死産	左記に該当しない死亡又は死産
○ 管理者が予期しなかったもの	制度の対象	対象外
管理者が予期したもの	対象外	対象外

※過誤の有無は問わない

資料12　医療事故の対象事案（日本医療安全調査機構HPより作成）

となります（資料12参照）。

私たち患医連では、当初から次のような懸念を持っていました。

・医療機関の管理者から、恣意的に「医療事故ではない」と判断（解釈）されないか

・調査結果の遺族への説明は「口頭でもよい」と定められたことで、報告書を渡さない医療機関が増えるのではないか

・遺族が自身の判断で相談できる公的な窓口がない

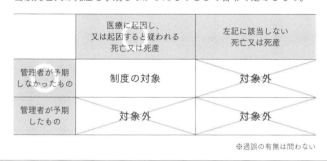

遺族への説明方法については、法令・通知（法第6条の11第5項）のなかにこうあります。

「遺族への説明については、口頭（説明内容をカルテに記載）又は書面（報告書又は説明用の資料）若しくはその双方の適切な方法により行う」

「調査の目的・結果について、遺族が希望する方法で説明するよう努めなければならない」（傍点筆者）

遺族からの相談を受ける窓口については、県の医師会などでそうした受付体制が存在していることをのちに伺いましたが、患者側への情報提供が不足していて、ほとんど知られていないのが実情です。また、そのときに伺った範囲では、実際の相談実績は「まだ無い」とのことでした（二〇一六年一月当時）。

それぞれの分野で努力

こうした制度を整備しながらも、やはり忘れてならないのは、基本は院内でしっかり対応するということです。病院側がこれらの制度に頼りきってしまい、丸投げして、何もしないというのであれば、再発防止にも、病院の改善にもつながりません。

いまは、医療安全や患者・家族救済について、試行錯誤しながら進めている段階で、いわばまだまだ過渡期です。それでも、私が息子の事故に遭ったときに比べると、進展しているのではないかと思います。

患者と医療者のパートナーシップを基本に、それぞれの病院で、それぞれの人が努力を続けていくなかで、医療安全についての意識も医療の質も高まっていくと信じています。

第4章

患者と医療者の「架け橋」に

Augmented edition
Transparent Healthcare
for partnerships
section 4

セーフティー・マネージャーの仕事

医療安全管理と患者支援の二本立てで

新葛飾病院は、敷地に入ってすぐのところにある「からだ学習館」という建物に「医療安全対策室」が置かれています。ここには、看護師の杉本こずえさんと私のふたりがセーフティー・マネージャーとして配置されています。医療安全対策室という正式名称がかたいためか、ふだんは「患者支援室」と呼ばれています。

患者支援室が設けられた当初は、医療安全管理と患者支援のふたつを、セーフティー・マネージャーがともに担うという構想でした。

しかし、仕事を進めていくなかで両方にふたりが携わっていくのは難しい、ということがわかってきました。客観的に事故やトラブルを調査し分析していくことと、ときには患者・家族に寄り添って話を聞くことの、両立ができない場面があるからです。客観的に事実を早くつかもうとするために、患者・家族の感情を傷つけてしまうことがあります。一方、患者・家族に寄り添うために、調査がなかなか進まないこともあります。

そこで、看護師であり、医療安全管理者である杉本さんが医療安全管理を担当し、患者支援を私が担当するという体制に切り替えました。

この医療安全管理と患者支援という二本立ての体制は、非常に実践しやすく、現在も続いています。

患者支援室の三つの機能

患者支援室には三つの機能があります。

ひとつめは、病気や自分のからだについて知ってもらうことです。

自分のからだや病気に関する知識を持つと、治療に積極的に取り組めるようになります。「からだ学習館」には、からだや健康に関する一〇〇〇冊以上の蔵書を持つ「からだ学習館」が併設され、患者さんだけでなく、地域住民にも本を貸し出しています。また、入院患者が利用しやすいように本をカートに載せて病棟のふたつの談話室に置き、定期的に本の入れ替えをしています。

病院附属の図書館として、患者さんが惑わされないように、サプリメントや民間療法関連の本を除くなどの配慮もしました。

本を読むだけではよくわからないという人には、学習館のスタッフとボランティアが相談窓口につないで、不安や疑問に答えられるようにしています。

「インシデント事例」を再発防止に生かす

ふたつめは、医療安全対策です。

医療安全対策委員会（メンバーは、セーフティー・マネージャーのほか、院長、副院長、事務長、看護部長、医師、各部署の担当など）を開き、現場から上がってくるインシデント事例を集約し、それをもとに、なぜそのようなミスが生じたのかを分析し、再発防止に生かしています。

委員会のなかでは、病院内でミスが起こりうる場面を話し合い、再発防止の取り組みとしてワーキンググループを結成し、各グループが一年間の活動日標と計画を立てて活動を実践しています。いまは「指示受け・指示出し」「転倒・転落・院内環境整備」「患者確認」のグループがあります。

たとえば転倒したり、ベッドから落ちたりする事故が二年ほどの間に二八件起こっていました。そこで、「転倒・転落・院内環境整備」グループが話し合い、病室の名前欄の横に、転倒危険度を示す赤いてんとう虫（転倒とかけています）のシールを貼って、スタッフの注意喚起をするようにしています。

こんなふうに、インシデントの事例から、医療安全対策を具体化しています。

インシデント事例の検討をしていると、別の職種の人の意見でハッとさせられ、ではこういう視点で考え直してみよう、ということになることがあります。その診療科だけの「常識」、看護師という立場だけの「常識」のなかで考えているときに見えなかったことが、別の切り口を示されることによって見えてきたりするのです。

事故の再発防止に、被害者の患者・家族の意見を聞くべきだと思うのも、事実経過や原因を明らかにする、という意味からだけではありません。医療界、あるいはその病院の「常識」にとらわれていて、見えなかったことが見えてくることがあるからです。

私は医学的なところでは役に立てませんが、患者・家族の声を聞き、安全管理に反映させられるよう努めています。このワーキンググループの取り組みは、当初より年度末の院内研修会で活動報告を行ってきましたが、現在も継続しています。

医療者と患者の溝を埋める

三つめが、「患者相談窓口」の機能です。これがいま、私がおもに担当している仕事です。

大きな事故やトラブルへの対応だけでなく、患者・家族の日常的な病院に対する不満や不安、クレームを聞いて、それらを解消するための手立てを講じています。

患者さんは、何か思うことがあれば、いつでも相談窓口に来て話せます。

医療者がちゃんと説明しているつもりでも、患者には伝わっていないということがしばしばあります。私が間に入ることで、その両者の溝を埋め、医療者と患者の間をつないで、患者さんが安心して治療を受けられるようにしていきます。

たとえば、主治医に今後の治療方針を聞きにくい、治療方針がよくわからない、という患者さんが相談に来たことがあります。話を聞いてみると、患者さんは、主治医に悪い感情を持っているわけではありません。ただ何となく、聞きづらいということのようです。

この患者さんは、しばらく私が話を聞いているうちに、「よく考えたら、やっぱり自分で聞いたほうがいいですね。先生も気分が悪いでしょうし」と自分から言い出しました。話をしていくうちに、自分を自分で分析して、自分で聞くべきだと思ったようです。

どうしても自分からは医療者に話せないという相談の場合は、「それなら私から伝えてもいいですか」と聞いて、私が伝えることもありますし、私が同席することを望む場合はそうすることもあります。

医療者の説明不足に関する相談がある一方、説明しすぎで不安を感じさせてしまうという事例もあります。

医療者が副作用や合併症を事細かに説明してしまうために、手術を受けるべきかどうか迷ってしまう患者さんがいます。医療者は、患者さんの不安を取り除くためにも正確な情報をと考えているのですが、それがかえって不安にさせてしまうということで、難しい問題です。

こういう場合も、まずは患者自身が医療者と向き合うほうがいいということを伝え、患者さんの希望を聞きつつ対処方法をいっしょに考えていきます。「主治医を替えてほしい」「ほかの医師に相談したい」などの内容のときは、患者さんの希望によっては、上級医に私から相談したりもします。

経済的なことは、治療を続けられるかどうかにかかわる重大な問題ですが、素人ではなかなか手助けできません。医療費の支払いが大変なときにどういう制度を使えばいいか、どんな保険が適用できるかなどは、病院所属の社会福祉士が対応しています。

このような相談活動には、患者の不安を取り除くと同時に、医療スタッフの負担を軽くしようというねらいもあります。短い診療時間のなかできちんと患者に向かい合って対応するのは大変です。患者相談窓口があることで、少しでも現場のスタッフをサポートできればと思っています。現在の相談窓口の機能については、「患者・家族支援の窓口を担当する医療対話推進者」の節（二〇八頁）で後述いたします。

事例2 ずっと不信感を抱いてきた患者さん

松田弘さん（仮名）は、新葛飾病院で胸部動脈瘤手術を受けました。手術後、声がかすれて出にくくなったため、別の病院の耳鼻科で診てもらったところ、医師に「手術の際に、神経を切断されたかもしれない」と言われました。

松田さんは主治医に説明を求めましたが、納得のいく答えは得られませんでした。その後、検査のために再度、新葛飾病院に入院しなくてはならなくなった松田さんは、「この病院に来るのはいやでしかたなかったが、説得されてしようがないから来た」と、私に話しかけてきました。

松田さんは、声を出すときに負担がかかって苦しいというだけでなく、声が出なくなったために、友人たちとのかかわりもしだいに減ってしまった、と訴えました。ひとり暮らしのため、声が出なければ、具合が悪くなっても救急車を呼べないのではないかという不安も感じるようになりました。新葛飾病院のミスでこんなふうになったのではないか、そういう不信感をずっと抱きつづけていたのです。

私は、松田さんの話を聞いて、院長に、松田さんと面会をしてくれるように求めました。

面会の日、私は院長と松田さんに向かい合ってもらい、会話を補足しながら、双方の思いを伝えました。院長は、これは医療ミスとはいえないという判断をした理由を、松田さんに説明しました。

「声は、手術前からかすれ気味で、反回神経麻痺を起こしていました。これは、胸部大動脈瘤の合併症で、手術による損傷とはいえません」

そのうえで、

「お話を聞いて、あなたのつらいお気持ちもよくわかりました。当時の対応が十分でなかったのは申し訳ありませんでした。不信感が拭えなければ、当時のカルテについても提供します」

と言い、説明不足と対応の不備について謝罪しました。

後日、松田さんがこう言ってくれました。

「院長が直接自分の話を聞いて、きちんと説明をしてくれた対応で、気持ちがずいぶん楽になりました。会わせてくれてありがとう」

日常的な意識のずれを自覚する

患者支援の取り組みをしていて、やはり気になったのは、医療者と患者のコミュニケーションがたりないことです。

医療者――医師も看護師も、技術スタッフも、病院で働いている人は、ほんとうに時間に追われ、疲れきっています。そのなかで、言葉たらずになってしまうことがどうしてもあります。また、説明することに不慣れです。インフォームド・コンセントの概念が入ってくるまで、患者というのは医師や看護師のいうことを聞くもの、という暗黙の前提がありました。患者は「こういう病気なので、こういう治療をします」と告げられればそれでおしまい。専門用語が多くて理解しづらかろうが、「こんなことは当然の前提」とばかりに説明をはしょろうが、医者の勝手だったのです。

患者の側は、医師も看護師もいつもとても忙しそうなので、聞きたいことがあっても遠慮してしまう。こんなことを聞いたらバカにされるかもしれない、見当はずれで迷惑をかけるかもしれないという思いもあります。

以前、医療安全対策に関連して、入院患者にアンケートをとったことがあります。そのときに、「アンケートに答えて、自分が不満を感じているとわかったら、病院にいられなくなってしまう」という人がいました。こんなふうに、医療者側に気を遣いすぎてしまっている人もいます。

医療者側は、そういう患者の遠慮や気遣いに鈍感です。だから、トラブルになったときに、医療者の側は「いままで『はいはい』とこっちの言うことを聞いていたのに、急にキレた」と受けとめがちです。患者にしてみれば、トラブルをきっかけに、これまで言えなかったことを口にしただけかもしれないのです。

患者と医療者の温度差

患者は、それぞれ自分の健康に関する不安や悩みを抱えています。ところが、医療者にとっては、その患者は何十人、何百人の中のひとりにすぎません。そこに、温度差のようなものがあります。

明日、手術を受ける患者さんに、「大丈夫だよ。たいした手術じゃないから」と医師が言ったとします。医師は「大丈夫」だということを患者に伝えて安心させたかったのですが、患者さんは「たいした手術じゃない」という言葉に、医師が安易に考えているのではないか、と不安を募らせます。

医師の側には、もちろん悪気はありません。だから、あとになって「先生のあのひと言で不安になった」と患者から責められると、なぜそんな理不尽なことを言うのか、と不快な思いを抱きます。

日常の会話とちがうレベルで、患者への言葉に気を遣うということは、治療の一環であるといってもいいかもしれません。だから、どういう状態のときに、どういう言葉で患者さんが傷つくことがあるのかということを、医療者は知っておかなければならないのです。

それを訴えていくのも、患者支援のひとつだと思っています。

医療者の記憶はなぜあいまいなのか

医療事故について聞きとりをしていてわかってきたのが、事故が起きたときの医療者の記憶がかなりあいまいなことです。

その理由のひとつには、患者と医療者の温度差があります。患者・家族は自分のこと、大切な家族のことなので、比較的しっかり覚えています。しかし、医療者にとっては何十人、何百人の患者のうちのひとりです。その場ですぐにわかるような事故であればもちろん記憶しているのですが、事故であると認識していない場合、何日かたってから聞きとりをしても、まったく覚えていない、ということがあるのです。

患者側は、「こんなに大変なことが起こったのだから、覚えていないはずがない。ごまかしているのではないか」と思います。そう言われた医療者は、「うそをついているわけではないのに、信じてもらえない」と傷つきます。

そういうときは、認識のちがいがあっても、病院は隠そうとしているのでないことを、患者側に伝えなければなりません。

医療者と患者・家族の対話を助ける

医療者と患者・家族というのは通常、それまで病気というものを間にはさんで、何度もやりとりをしてきています。その関係性のうえで、事故やトラブルについても医療者自身に説明してほしい、話を聞きたいと患者・家族が思うのは当然のことです。

しかし、感情的な対立が生じて、当事者どうしが向き合ったり、話し合ったりしづらいときには、双方の話を聞きつつ対話を促すような立場の人が間に入ったほうがよいことがあります。

そこで、私のような立場の者が、何が起こったのかを整理して、当事者どうしが向き合うための支援をします。

また、患者・家族が深く傷ついて、事態を客観的に受けとめられなくなっている場合には、心を癒せるよう努めていきます。

患者支援室が設けられた当初は、セーフティー・マネージャーに何を期待すればいいか、医療者たちも戸惑ったようですが、最近は、医療者のほうから「相談にのって」と声をかけられることが多くなっています。

新葛飾病院の看護師は、ある雑誌の取材で、セーフティー・マネージャーの存在について次のように答えていました。

「豊田さんは頼れる存在です。患者さんやご家族だけでなく、私たちの話もしっかり聞いてくれますから」
私にとって、とてもうれしい言葉でした。

基本は、向き合うこと

対立でも紛争でもなく

私がいま担っている役割は、「医療メディエーター」と呼ばれたりしています。

私自身も、少し前まで、テレビや新聞などで「医療メディエーター」と紹介されることがあったのですが、いまはちょっとちがうな、と思っていて、肩書きは「セーフティー・マネージャー」とか「院内相談員」にしてもらっています。

医療事故に遭った患者や家族の声を集めた『沈黙の壁』の著者、ローズマリー・ギブソンさんにお会いしたときに、

「あなたのやっていることは、メディエーターじゃないわ」

と言われたのです。

アメリカでメディエーターというと、「紛争解決のプロ」なのだそうです。患者・家族と医療者との間に入って、双方の話を聞き、問題を解決するのですが、完全に中立の立場をとるため、たとえば心のケアなどはしません。立場的には、裁判官のような存在です。そのため、メディエーターという言葉を聞いただけで、そこに対立構造があるようなイメージを持つといいます。

それを聞いて、たしかに、私のやっていることとはちがうなと思いました。

私の仕事は、当事者が向き合うのを支援することです。

事故やトラブルがあったとしても、医療者と患者・家族は対立しているのではありません。最初は無理でも、少しずつ、もう一度相手と向き合おうという気持ちにお互いがなっていきます。そして、当事者どうしが理解し合えるようになることで、心も回復していきます。

だから、話し合えるくらいに回復するまで、場合によってはどちらかに入りこんで寄り添う・支えることが必要なことがあることを、私は事例を通して感じていますし、そのような態度で仕事に臨んできました。

そういうことがあって、メディエーターと名乗ることはやめました。

院内相談員の養成がはじまる

二〇〇九年四月から、医療者と患者の対話をサポートする「院内相談員」を各医療機関に設置するための補助金を、厚生労働省が申請のあった都道府県に交付する制度がはじまりました。

医療安全を図るうえで、また医療事故被害者の救済にとっても、非常に重要な一歩だと思いますが、課題もあります。

院内相談員を養成するかどうか、養成のプログラムをどうするかの判断が都道府県ごとにまかされているため、力を入れている都道府県とそうでないところとで、大きな差が出るだろうと思います。たとえば、患者・家族の痛みを知ることや、医療者とのパートナーシップという視点を抜きにスキルトレーニングだけを養成の重点にすると、院内相談員が病院の都合を説明する広報係や、ひたすら頭を下げてクレームをシャットアウトするだけの苦情係になってしまう可能性もあります。

また、院内相談員を設置すればそれですむかといえば、そうではありません。ヒエラルキーの強固な病院や、患者・家族に対して情報を隠蔽しようとする体質を持った病院では、いくら優秀な院内相談員を養成し、配置したとしても、本来の機能は果たせないでしょう。むしろ、院内相談員が病院と患者・家族との板挟みになってつぶれてしまう可能性もあります。

たとえば医師が看護師の言うことなど聞く耳を持たないというのであれば、院内相談員がどんなにがんばって患者・家族との間をつなごうとしても、聞き入れられないでしょう。

隠蔽体質のある病院では、院内相談員に「こちら側の情報は患者・家族に話してはいけない」と命じるようなこともあるでしょう。

やはり、「患者とのパートナーシップを大切にする」文化、「うそをつかない」文化が病院にあってこそ、院内相談員という存在が生きてくるのだと思います。

患者・家族支援の窓口を担当する医療対話推進者

くしくもNPO法人架け橋が誕生した同二〇一二年四月に行われた診療報酬改定で、「患者サポート体制充実加算」というものが新設されました。患者からの相談窓口（患者・家族支援窓口）を院内に設置し、専任の担当者を配置している医療機関は、厚生局に加算の申請をすると入院患者に対して入院初日に加算を算定できるというものです。

この制度で加算を受けるために必要な医療機関の条件は次のようなものです。

・患者からの相談窓口を設置している
・専任の看護師、社会福祉士等を配置している
・患者サポートマニュアル作成、報告体制の整備、職員への研修等がなされている

その翌年二〇一三年一月には、厚生労働省医政局総務課から「医療対話推進者の業務指針及び養成のための研修プログラム作成指針――説明と対話の文化の醸成のために」という業務指針が出されました。

これにより、指針で定められた患者サポート体制に準じている患者・家族支援窓口の担当者は「医療対話推進者」と命名されました。さらに「医療対話推進者」の役割

が明確化されたことで、医療安全管理者（おもに看護師・医師・薬剤師が担う）と連携していくことの重要性も示されました。

また、養成のための研修プログラム作成指針には、この役割を担うために必要な研修（「研修において習得すべき基本的事項」）が明記されています。

現在、医療対話推進者として活動している私自身の立場から、医療者はもちろん、一般の方にも知っておいていただきたい内容を少しご紹介したいと思います。「医療対話推進者の業務指針及び養成のための研修プログラム作成指針」の中から一部抜粋しながら、特徴的な要点をあげてみましょう。

医療対話推進者の業務指針及び養成のための研修プログラム作成指針

Ⅰ．医療対話推進者の業務指針

1．医療機関における医療対話指針者の位置付け

医療対話推進者は、各医療機関の管理者から患者・家族支援体制の調整と対話促進の役割を果たす者として権限が委譲され、管理者の指示に基づき、医療安全管理者、医療各部門、事務関係部門と連動し、組織的に患者・家族からの相談等に対応

することを業務とする者とする。

2. 本指針の位置付け

本指針は、患者・家族支援を行うことを業務とする医療対話推進者のための業務指針である。医療安全管理者については、「医療安全管理者の業務指針および養成のための研修プログラム作成指針」(厚生労働省医療安全対策検討会議 医療安全管理者の質の向上に関する検討作業部会 平成19年3月)に示したところであって、本指針と相まって、医療安全管理業務と患者・家族支援業務を、各医療機関の規模や機能に応じて有機的に連動させるものと考える。

ここで重要なのは、医療対話推進者は、管理者から権限が委譲され、管理者の指示に基づいて対応することになった点です。病院でいえば管理者は病院長になります。つまり、病院長に直結(直下)した体制が求められるわけです。管理者は「何も知りません」というわけにはいかないということです。

そしてさらに、必要なときは医療安全管理の担当者をはじめとする関係各部門と連携して、組織的に患者・家族からの相談などに対応することも定められています。

この体制を真に確立することができたなら、患者・家族側だけでなく医療者側もサポートされることになるのです。

医療対話推進者の基本業務

医療対話推進者の基本業務は、患者・家族への次のような一時対応にあることも定められています。医療上や生活上の相談はもとより、問い合わせや苦情、そして大きな医療事故にいたるまで、院内に起きうることすべてが該当します。

3．医療対話推進者の業務
3）患者・家族への一次対応としての業務
（1）患者・家族からの相談や苦情内容に応じた適切な対応を行う
①疾病に関する医学的な質問に関する相談に対応すること
②生活上及び入院上の不安等に関する相談に対応すること

③医療者の対応等に起因する苦情や相談に対応すること
(2) 発生した医療事故や医療事故を疑った患者・家族からの申し出に対応すること
(3) 院内巡視などをした際など、上記以外の機会に患者・家族から寄せられた相談や苦情に適切に対応を行うこと

医療事故対応における医療対話推進者の役割については、次のように示されました。ここには、これまで医療安全管理者が担うべき役割とされてきたことも含まれており、大きな進歩だと思います。

5) 医療事故や、医療事故を疑った患者・家族からの申し出に関して対応すること
医療対話推進者は、医療事故が発生した場合、あるいは、医療事故を疑って申し出を受けた場合には、管理者からの指示を受け、医療安全管理者等と連携して患者・家族及び事故関係者の支援にあたる。事故によって生ずる患者・家族への影響や事故当事者及び関係者への影響拡大の防止を図るとともに、医療

者からの説明を促し、患者・家族との対話の推進を図る。
①患者・家族への事故の連絡や説明の実施
②管理者や医療事故に関与した職員等から、患者・家族への説明する場の設営のための調整活動
③説明の場での話し合いの進行上の配慮
④患者・家族及び医療事故に関わった職員（当事者・関係者）等の精神的ケア等のサポート

私自身これまで経験してきたなかで（本書第一版にも書きましたが）、医療事故を調査・分析する役割の医療安全管理者が、患者・家族への対応まで両立させるのは難しい、と発言してきました。けれど、当時はなかなか理解してもらえませんでした。

医療安全管理者と連携しつつも、患者・家族対応には医療対話推進者が専任的にあたることの大切さが、少しずつですが理解されてきたのはうれしいことです。

医療対話推進者に必要な学習

施設基準（健康保険法等の規定に基づき、厚生労働大臣が保険診療の一部について、医療機関の機能や設備、診療体制等の基準を定めたもの。病院における安全面やサービス面等を評価する指針）をそのまま解釈すると、医療対話推進者の役割は看護師や社会福祉士などの医療有資格者が担うことを求められていることになります。

しかし、実際にこれまで患者に直接対応してきたのは（苦情も含めれば）、どの病院でも圧倒的に事務職員が多いのではないでしょうか。にもかかわらず、医療の資格がある者だけで対応するべしという指針でしたので、私には違和感がありました。有資格者ではない事務職員が担当するには、研修を受講するなどの条件がつきます。具体的には、このようなものです。

「『医療対話推進者の業務指針及び養成のための研修プログラム作成指針』（平成二五年一月一〇日付医政総発０１１０第2号厚生労働省医政局総務課長通知）の内容を満たす

もの」及び「研修期間は通算して20時間以上又は3日程度のもの」

NPO法人架け橋では、医療対話推進者が安心して業務に就けるための学びの場を提供しています。

対応能力として必要な医療対話推進者の心構えやコミュニケーションスキルを体得できるだけでなく、実務として必要なデスクワーク内容や研修等の企画・運営方法についても、情報・知識を得ることができます。

また、事例検討会やグループワークなどでは、患者・医療者双方の心情を察しながら、医療において大切なコミュニケーションを学ぶことができるようになっています。

ただ、医療事故対応の際、スキルトレーニングで覚えたままの形式的な言葉をかけたり、あまりに冷静な態度をとるなどすると、患者や家族は不信感を抱き、病院側を信用できない相手だと思えば、対話が成り立たなくなる場合も少なくありません。

ですから、まずスキルを身につける前に、患者・家族への真の理解、そして患者と医療者のパートナーシップとはどういうものか、についての理解が必要なのです。

NPO法人架け橋では、次のような医療対話推進者養成研修を定期的に開催しています。

《NPO架け橋が行う「医療対話推進者研修」の特色》

・平成二五年三月二一日、厚生労働省保険局医療課が疑義解釈で示す要件を満たす内容である。

・患者・家族（医療事故を経験した家族）の立場に立つものが研修の企画・運営にかかわることで、より医療者と患者・家族間の説明と対話の文化の醸成に資するものとなっている。

・研修では、実際の事例を基に事例検討会を行うことで、学びを実際の行動に結びつけることができ、実践的な内容となっている。

《主な研修内容》

①患者・家族支援体制の構築1（医療対話推進者の役割と業務）
②患者・家族支援体制の構築2（チーム医療に関する基礎的知識）
③患者・家族支援体制の構築3（カンファレンス等運営、他部門との連携等）

④患者・家族支援体制の構築4（グループワークを主に）
⑤患者・家族対応の基本的知識1（インフォームド・コンセント、患者の権利擁護の基礎的知識）
⑥患者・家族対応の基本的知識2（法に関する基礎的知識、対話、コミュニケーション力の向上）
⑦医療安全に関する基礎的知識1（相談や苦情の対応における医療上の基本的知識）
⑧医療安全に関する基礎的知識2（医療安全施策の動向、安全管理に関する法令や制度、指針等）
⑨医療事故が発生した場合の対応（医療事故に遭遇した当事者の立場や心情への共感と対応）
⑩説明と対話の文化の醸成
⑪情報収集と分析、対策、フィードバック（事例検討、模擬事例、実務演習を主に）
⑫職員に対する研修の企画・運営

養成研修の取り組みについて

この養成研修は、東京・大阪・名古屋を中心に開催し、毎年一〇〇名以上の医療従事者が受講しています。研修の中で架け橋がもっとも重要視していることは、医療対話推進者の現場での対応能力を高めることです。

この目的のために、模擬事例検討会というものを実施しています。

二〇一五年、医療の質・安全学会のポスター発表で、模擬事例検討会についての実践報告を行いました。その一部をここでご紹介します。

研修の取り組みについては、次の四つの特徴があります。

①実際に起きた医療事故事例を改編したシナリオを作成

②シナリオは三つの場面で構成（ステップ①〜③の場面ごとにシートを使用）

③場面ごとに5〜7名のグループに分かれSGD（スモール・グループ・ディスカッショ

ン＝Small Group Discussion）を行う

④医療事故の双方の当事者が意見交換に参加する

平成二七年度のアンケート結果では、受講者の方々が大きな気づきを得られたことがうかがえます。模擬事例についての満足度として「満足している」と回答した方々の意見を見ると、

「医療事故そのものだけでなく、対応や届け出など、同時に考えなければならないことに気づけた。ステップ①〜③までシートが分かれていて、それぞれの流れに沿っていて、わかりやすかった」

「病院側に何をどう報告していくのか流れがよくわかった」

など、医療対話推進者としての役割の実際や具体的な流れ、連携や報告が必要な部署についても理解された様子がわかります。

また、「自分の組織だったら、と考えることができた。グループワークでいろいろな人の考えを聞いたうえで、最後にコメントをもらえたので、考えていなかったことも意識できた」という意見からは、自分に置き換えて追体験することができたことがわ

かります。

さらに、「当事者や被害を受けた患者の心が見えていないことに気づかされた」という意見からは、自分の思考・判断基準、自分の職種に偏った見方、考え方に気づくことができていることもうかがえます。

「規模のちがい、専門性、地域性、職種、年齢が異なる方々との意見交換、病院の考え方のちがいについて知ることができ、大変参考になった」

こうした感想を見るにつけ、個人、職種、病院によるものの見方、考え方のちがいを知ることにもつながったのではないかと思われます。

まとめの考察では、次のような意見を発表しました。

・模擬事例検討会では、実際の事例を用いることに加え、医療事故の双方の当事者が意見交換の場に参加することによって、実務の具体的な流れや配慮しなければならないことを学ぶことができていた。

・模擬事例検討会の効果

①医療者がしばしば陥りやすいことを考え、適切な対応と時機について考えることができる。
②早期解決は、患者・家族を傷つけることがあるので、患者・家族の理解や納得を目指すことが大切なことを実感できる。
③どうするかだけでなく、どういう心得で対応することが必要かを常に考える姿勢の重要さに気づく。
④医療職と患者・家族が共同していく大切さを理解できる。
⑤職種を交えたSGDによって、病院・職種・個人ごとに考える筋道や方法にちがいがあることが見えてくることがわかった。
⑥職種を超えて、組織の中の「医療対話推進者」として必要なことは何か、何ができるのかを考え、実践に向けて共有する機会となっていることがわかった。

これからの課題として、グループワークの時間が短い点を複数指摘されているため、今後は、時間配分を考慮し、より具体的な内容のSGDができるようにプログラムを検討していきたいと考えています。

ただ、この三日間の研修は、まずは基本業務を学ぶ場なので、これを受けさえすれば、どんな人でも患者対応のノウハウを習得し、どんなことにも対応できるようになる、とまではいえません。

しかし私たちは、実際に起きている問題や情報を受けとめたうえで事実に向き合うという学びを通じ、医療対話推進者のみなさんが、少しでも前を向いて実践していけるよう、つねに応援する気持ちで取り組んでいます。

現在は、次のステップに向けた研修の企画なども行っていますので、ぜひ「架け橋」のホームページをのぞいていただければと思います。

日常的にコミュニケーションの橋渡しを

患者と医療者との間をつなぎ、コミュニケーションの橋渡しをするために、基本となるのは、「患者さんと真摯に向き合うこと」です。具体的には、次の三つです。

①患者の声に耳を傾ける（聴く）

②相手の身になって考える（想像する）
③対話を持つよう努力する（コミュニケーション）

なんだ、そんな当たり前のこと、と思われるかもしれません。

でも、これまで、医療者は、事故が起きた際に「患者の話を聴くこと」「患者の身になって考えること」「患者と対話すること」を苦手としてきました。日常的にはできていても、事故やトラブルなどがいったん起こってしまうと、せっかく築いてきたそういう姿勢が逆戻りして、病院の閉鎖的なところが全面的に出てきてしまったりもします。

そこを補い、医療者と患者との対話を助けていきます。

各項目について、私が考えていることをまとめて紹介しましょう。

❶聴く――話を聴くことからすべてがはじまる

いま、暴力を振るう患者対策として、警察官のOBなどを窓口付近に配置したりしています。たしかに、患者の暴言や暴力が一部で起きている事実があり、こういう対策は必要なのだと思います。しかし、病院がクレーマーだと思いこんで対応してしまうという例も聞きます。また、警察官のOBは妙に正義感があるために、患者の話をしっかり聴かないうちに、「いいかげんにしなさい、みんな迷惑してるんだ」とお説教してしまったりする、という話も聞きました。

やはり、患者の話をきちんとまず聴くという姿勢が必要です。

私は事故の体験を語るときに、病院側の対応のまずさを指摘する一方で、自分の母親としての反省点も感じています。なぜ医療者に遠慮せず、もっと要求しなかったのかとか、なぜ不信感を持った時点で転院させなかったのかとか、取り返しのつかないことをしたという思いを持っています。病院側だけが一〇〇パーセント悪いということはなかったはずです。どんなことであれ、ひとつの要因に一〇〇パーセントの責任があるということはないでしょう。

同じように、患者・家族が怒っているときに、病院にまったく非がないということはありえないでしょう。一パーセントなのか一〇〇パーセントなのかはわかりませんが、怒ってクレームを言い立てるだけの理由が、患者・家族にはあるのです。

暴力的な行為のないかぎり、まずは話を聴く、というのが大前提だと思います。怒鳴っているからクレーマーだと最初から決めつけず、まずはその要求をつかむこと、そして誠実な態度で、正直な話し合いを行うという姿勢を崩さないことだと思います。

新葛飾病院で、「夜間に何かあったときは、私が対応しますから電話をください」と患者に伝えていた医師がいました。その患者さんが、夜、電話をしてきたのですが、電話口の口調が激しかったために、窓口のスタッフがおびえてしまい、上級医に相談したところ、「クレーマーかもしれないので、先生につながないほうがいい」と言われ、患者さんに「先生はいません」と言ってしまいました。「約束とちがう!」と患者さんは、感情をぶつけました。

スタッフ間に認識のずれがあったと病院側のミスを認め、謝罪し、患者さんも納得してくれました。

この事件も、患者さんの話を聴いていくなかで、こちらのミスであることが認識できました。クレーマーとして扱っていれば、もっと大事になっていたかもしれません。

❷想像する――①相手の立場に立ってみる

たとえば、医療者は、早くこのトラブルを解決したい、早く収拾して日常的業務に戻りたいと思っています。ところが、患者・家族は、早く解決したいのではなく、まず、とにかく事実や原因を知りたいのです。そのうえで解決をはかりたいと思っているのです。

新葛飾病院の同僚セーフティー・マネージャーの杉本こずえさんは、

「事故の当初は迅速に事実を正しく伝えなくちゃいけない。だけど私たち医療者は足踏みして、それがなかなかできない。逆にそのあとは、時間をかけてゆっくりと対応しなきゃいけないのに、医療者はこの部分を急かしてしまう」

と言っていました。まさにそのとおりだと思います。

このような医療者と患者・家族の感覚のちがいというのは、いろいろあります。相手の立場に立って考えるというのは、こういう感覚のちがいを含めて対応していくということです。

「あなたたち（患者）には、医療現場のことはわからない」「あなたたち（医療者）には、病院に最愛の家族を殺された者の気持ちはわからない」と言い合い、憎しみ合うことからは、何も生まれません。医療者が患者側の立場に立って考えて、対話していくなかでこそ、患者側も医療者の気持ちが理解できるようになってくる、と思います。

❷想像する――②患者に寄り添う、でもすべてを受け入れるわけじゃない

患者に寄り添うというと、患者のことをすべて受け入れる、と考えている人がいます。でも、私はそれはちがうと思っています。

患者もしくはその家族であるからといって、医療者側がごますりみたいなことをしてしまうと、双方の健全な関係が生まれません。

患者の心が回復するために寄り添うことは必要ですが、いたれりつくせりで何でもやってしまうのは筋ちがいです。それでは、患者さんの助けになるどころか、自立を阻害して、立ち直れなくしてしまいます。

また、患者さんを受け入れようとするあまり、自分ができないことや精神的に追いこまれてしまうようなことまでは引き受けない、という姿勢も大事です。

あとになって、これがカウンセラーなどの「リミット・セッティング」という考え方に近いことを知りました。相手に共感的理解を示しながら、自分が果たす役割の限界を設定しておき、それ以上は踏みこんでかかわらない、ということなのだそうです。仕事である以上、このような設定は必要だと思います。

そもそも、心のケアをするといっても、病院が一〇年も二〇年もそれを続けるのは不可能です。「いつまでもあなたを支えます」というような思わせぶりの態度をとれば、結果的に、患者を傷つけることになります。

❸コミュニケーション――①相手を見て、臨機応変に対応する

医療者は、死に直面したり、残酷な告知をしたりしなければならないなど、自己の感情を強くコントロールして仕事せざるをえない機会が少なくありません。

しかし、トラブルがあったときに、感情を抑えて事務的に対応されると、患者・家族は不信感を募らせる可能性があります。

感情的になっているときに、形式的な謝罪の言葉、ご機嫌うかがいのためだけの言葉などをかけてしまえば、感情を逆撫でしてしまうことになりかねません。

また、毎週何曜日に連絡をとると決めて、その通りに行動するのは、医療者側にとっては楽ですが、患者・家族の目には、形式的な対応でしかないと映ることがあります。

昨日連絡をとったけれども、少し元気がないようだったので、今日もう一度、連絡

してみる、先週落ち着いたようだったので、しばらくこのまま様子を見るなど、臨機応変な対応のほうが心に届きます。

つまり、普通の人間関係と同じです。

たしかに事故やトラブルに遭った方は過敏になっています。しかし、あまりに腫れ物に触るような扱いや、丁寧だけれども心が感じられない対応では、いつまでたってもコミュニケーションはとれません。

❸コミュニケーション——②待つこと・見守ることも必要

コミュニケーションをとることが大切だ、というと頻繁に連絡をしたり、毎日話し合ったりする必要があると思う人がいるようですが、これもやはり相手を見て、というのが基本です。

こちらが何かをすることですべてが解決するわけではないのです。むしろ何もしないほうがいいときもあります。時間が必要なときもあるのです。

事故直後のショックが多少落ち着くまでの時間、さまざまな手続きや処理をこなす時間、事故を受け入れる時間、そして考える時間。そういう時間を、患者・家族が十分に持てるように、待つのです。

待つというのは、仕事としてはとてもつらいことです。むしろ何か働きかけたりするほうが楽です。待っていると、大丈夫だろうかと不安になったり、やはり何かしなければならないのではないか、何もしないでいると患者の怒りが増すのではないかと考えたりしてしまうからです。それでも待つことが必要なのです。

これは、当事者の医療者に対しても同じです。あまり毎日、励ましたり、声をかけたりというのがかえって負担になったりします。「何かあったらすぐに駆けつけるからひとりで悩まないでください」というメッセージを伝えておいて、時に応じて「ご家族はお元気でしたよ」などと、患者・家族の様子を伝えていきます。

❸コミュニケーション——③「中立的」にこだわりすぎない

セーフティー・マネージャーになった当初、私は「患者と医療者の間に立って、中立的でいなくては」と考えたりしました。でも、しばらく仕事をするうちに、そうではないと考え直しました。

中立の立場、ということは、患者からも病院からも一定の距離を置き、どちらにも一歩も動かない、ということです。でも、患者が求めているのは、「病院としてきちんと説明してくれること」「病院の一員がちゃんと対応してくれること」です。かならずしも、中立の立場の人が仲裁してくれることを望んでいるわけではないのです。

私は病院の職員ですが、患者さんの気持ちもわかる。事故の経験を持つ一方、いっしょに働く医療者側の気持ちもわかる。だからといって、どちらへも寄り添いません、中立の位置から動きません、とはいえません。むしろ一時的に片側に入りこむことによって、話し合いが成立するのであれば、それが対話をもたせるためのほんとうの「中立」といえるかもしれないという思いがあります。

双方から等距離に離れて立つのでなく、その双方といっしょに考え、お互いを近づけるようにしたいのです。

患者さんの気持ちに寄り添い、その思いを医療者側に伝え、医療者側の思いを患者さんに届ける、そういう「架け橋」のような立場でいたい、と思っています。

実際、このような態度で患者・医療者双方に接していますが、「向こうの味方ばかりして」ということを言われたことはありません。

患者・家族の感情に基づいて対応する

医療の世界は例外だらけです。同じ病気でも、薬がきく人ときかない人がいたり、ちがう治療法を施さなければならないこともあります。

事故やトラブルも同様で、ひとつひとつの事例に向き合って、答えを見つけていくしかありません。

ヒントになるのは、やはり患者・家族の声を聞くことです。

私は、自己の経験だけから「事故の遺族の気持ちを知ってほしい」と言っているわけではありません。むしろ、自分の体験だけでものを言うのは危険だと思っています。だから、たくさんの方の声を聞きました。最初は同じ立場として、いまは病院の一職員として。とくに、私はセーフティー・マネージャーとして日常的に、ある程度の期間継続して患者さんと関係をつくってくるなかで、多くのことを学ぶことができました。

ちゃんとした対応をしてもらえなければ、どんなにいい人だって人を許すことができない。ちゃんと対応されれば、少しずつ前向きになり、乗り越えていく力をだれでも持っている。当事者どうしが話し合うことによって双方が癒されていく――そういうことが見えてきました。

スキルトレーニングもある程度必要ですが、基本にあるのは患者・家族の感情を知ること、それに基づいて対応することだと思います。

実際にトラブルが起きたときには、医療者も動揺します。それは、その事故に驚き、心を痛めているからで、その思いは患者・家族と共通するものです。そういうことは、言葉にせずとも相手に伝わります。逆に、トラブルが起きたのに、スキルトレーニングで身につけたような形式的な言葉をかけられたり、冷静な態度をとられると、不信感を抱きます。

スキルを身につける前提として、患者・家族の痛みへの真の理解、患者と医療者のパートナーシップに対する認識というものが必要なのだと思います。

手を携えてベストな治療を進める

患者が不安・不満などを話しているうちに、医療者側の気持ちを考えはじめるようになることがあります。

たとえば、病院に不信感を持っていた患者が、しばらく話を聞くうちに、「先生は、あのときこう思ってたんだね」「看護師さんは、こうしようと考えたのよね」と、相手の立場になって話すようになっていくのです。

企業の苦情係で勤める人が、こういう話をしていました。

「何度も何度も話を聞いているうちに、『あなたも大変ねえ』と声をかけられるようになる」

怒っている人も、何度も何度も足を運ぶうちに、しぜんと医療現場のことが見えてくる。当初は怒りの対象でしかなかった医療者が、人間として見えるようになってくるということなのかもしれません。

医療者と患者は、対立関係にあるわけではありません。ともに手を携えて、ベストな治療を進めていくパートナーです。

医療者は患者を知らずしらずのうちに傷つけていることがありますが、それは相手の感情をほんとうには知っていないからです。患者・家族の感覚はこうだ、こういう感情を抱いているということがわかれば、いまよりずっと楽にコミュニケーションがとれ、治療も進めやすくなるはずです。

向き合う、というと正面で対峙する関係をイメージしがちですが、同じ方向へと気持ちが向かう、それが「向き合う」ということだと、私は思っています。

参考文献

大熊由紀子、開原成允、服部陽一『患者の声を医療に生かす』医学書院、二〇〇六年
酒井 肇、酒井智惠、池埜 聡、倉石哲也
『附属池田小事件の遺族と支援者による共同発信 犯罪患者・家族支援とは何か』ミネルヴァ書房、二〇〇四年
志治美世子『ねじれ 医療の光と影を越えて』集英社、二〇〇八年
鈴木敦秋『小児救急』講談社文庫、二〇〇八年
鈴木敦秋『大学病院に、メス! 密着1000日、医療事故報道の現場から』講談社、二〇〇三年
鳥集 徹『ネットで暴走する医師たち 〈医療崩壊〉の深部で何が起きているか』WAVE出版、二〇〇九年
永井裕之『都立広尾病院「医療過誤」事件 断罪された「医療事故隠し」』あけび書房、二〇〇七年
R・ギブソン、J・プラサド・シン『沈黙の壁』瀬尾隆訳、日本評論社、二〇〇五年

おわりに

息子・理貴の死から丸七年たちます。

あのとき、小学二年生だった娘の真梨奈（理貴の姉）は現在中学三年生。娘の成長を見ると光陰矢のごとしと思いますが、私の記憶のなかの理貴はいつまでも五歳のときのままです。

この本をまとめている間に、私の父に末期の膵臓がんが見つかりました。

息子を理不尽なかたちで失い傷ついている私をずっと支えてくれた父でした。

余命二ヶ月と宣告されたことを、おじいちゃんが大好きな娘にどう伝えたらいいのか悩みました。できることならもう家族の死を見せたくない……。

しかし、ひと月たって、もう隠せないと思った私は、「じつは、ジジがね……」と切り出しました。「いっしょに最期を過ごそう」と話すと、娘は意外にも「うん」とすぐにうなずき、その晩、娘は「大好きなジジへ」と題して父に手紙を書きました。

「これからは真梨奈がママたちを守るから心配しないでね。ジジ大好き、なにがあってもジジは私の誇り、大切な存在です。そのことは一生忘れないで」

車椅子での散歩など、思い出づくりをしたひと月後、父は家族に看取られておだやかに亡くなりました。

看取った直後、娘は「今度は後悔してない」と言いました。思わず、「理貴のときは、後悔することがあったの？」と聞くと、娘はうなずき、「理貴とケンカしたままだったから……」とはじめて理貴への思いを話しました。

娘が心に傷を追っていることはわかっていましたが、なぜ亡くなったのか、結局真相がわかってはいないこと、姉弟ゲンカしたままお別れしたことが、いまも心の傷になっていることをはじめて自分から打ち明けてくれました。

いま、本書で紹介した以外にも、私は官民問わず、さまざまな団体で、患者と医療者をつなぐための活動をしています。

都立広尾病院で奥様を亡くされた永井さん、日本医科大学付属病院で娘さんを亡くした高橋さんご夫妻、杏林大学病院で息子さんを亡くした杉野さんご夫妻と、情報交換や活動報告会など、ささやかに活動を進めていましたが、二〇〇六年四月、永井さんを代表に「医療の良心を守る市民の会」を立ち上げ、シンポジウムの開催など、活発な活動を行ってきました。新葛飾病院の清水院長が副代表を、私が事務局長を務めています。

また、二〇〇七年四月、厚生労働省で「診療行為に関連した死亡に係る死因究明の在り方に関する検討会」（私はこの検討会のメンバーでもありました）がスタートしたことがきっかけで、それぞれに活動してきた患者団体が医療事故調査機関早期設立を願ってひとつになり、二〇〇八年一〇月に、「患者の視点で医療安全を考える連絡協議会」が設立されました。現在の加盟団体は、「医療過誤原告の会」「医療事故市民オンブズマンメディオ」「医療事故の公開・開示を求める市民の会」「医療の良心を守る市民の会」「陣痛促進剤による被害を考える会」の五団体です。ここでも、私は事務局長をさせていただいています。

この七年間のなかで、さまざまな出会いがありました。医療事故の遺族、そして医療者、さらに医療を学ぶ学生たち、法律の専門家やマスコミ人……。そういう多くの人に支えられて、いまの自分があると思っています。

私の活動は、「もうだれも医療で傷ついてほしくない」という思いからスタートしています。

ともすれば、医療事故の救済というと、患者・家族・遺族に目を向けなければならないという考えになりがちですが、医療者にも深い傷が残ります。医療者のなかには、自分の思いを理解してもらえないと思いこみ、そのことで精神的に追いつめられてしまっている人がいます。

私は、患者・家族だけではなく、そんな医療者にも寄り添いたい。

互いの苦しみを分け合いたいと考える人は、私だけではなく、たくさんいます。

患者・家族と医療者の「架け橋」になる活動を、今後も続けていきたいと思っています。

事故のあったあの日、不安と恐怖におびえたあの瞬間、あの場面を思い出すのはあまりにもつらく、なかなか本を出す決心がつきませんでした。

亜紀書房のみなさま、ご尽力くださいまして、本当にありがとうございました。そして、これまで支えてくださったみなさまにも心から感謝申し上げます。

豊田郁子

二〇一〇年一月二五日

増補新版のための補記

二〇一五年一〇月、医療事故調査制度がついに施行されました。

なによりも良かったと思う点は、医療事故に遭った患者・家族へなされる説明事項が明確になったことです。

これまでは、病院側も何を説明しなければならないかがわからず、そのため患者側は「きちんとした説明を受けていない」「納得ができない」「説明せずに何か隠そうとしているのではないか」という不安と不信感に苛《さいな》まれていました。

ですが、当該医療機関が遺族に説明すべき内容が法律で定められたことによって、患者・家族側の不信感が少しでも減る可能性が高まったと思います。

よりよい制度のまずは第一歩を踏みはじめた、といえるのではないでしょうか。

厚生労働省から指定された第三者機関である日本医療安全調査機構は、医療法第6

条の18第1項に基づく調査等業務に関する規定を定め、「調査業務」の実施方法として、「医療事故調査・支援事業運営委員会」「総合調査委員会」「再発防止委員会」を設置しました。私は総合調査委員会の委員に就任しましたが、その役割は医療事故調査・支援センターの調査における方針の検討と必要な事項について調査審議することです。現時点では、まだ実質的なことには携わっていませんが、さらによい制度となっていけるよう、未熟ながらその一端を担わせていただきたいと思っています。

また、院内事故調査の実務をサポートするために、一般社団法人日本病院会で医療の安全確保推進委員会「院内事故調査の手引き」作業部会が立ちあがり、医療安全を担当している立場として私も部員に加えていただきました（二〇一五年一〇月発行）。

新たにできた医療事故調査制度を通じて、第三者機関や支援団体の役割、また当該医療機関が院内で担う役割や責務について、そのひとつひとつがより実際的に整備されていく過程に、これからも何かしらの形でかかわらせていただきたいと思っています。

ひとりでも多くの患者・家族のみなさんが、これなら良いと思える事故調査体制が、日本中の医療の現場で日常的なものになることを切に願っています。

「うそをつかない医療」を理念に掲げ、強いリーダーシップで実践を続けてこられた新葛飾病院の故・清水陽一院長は、悲しみと怒りのエネルギーに縛られたままでは駄目だ、と私に気づかせてくれた医師です。

患者や遺族は、なによりも「何が起きたのかを知りたい」と思っています。原因がわからないときに求めるのは事実の調査と報告です。その最たる願いが得てして叶わない状況を清水院長に話すと、「現状はそうだね。だからこそ、私たち医療者とともに、この問題に取り組んでいこう」と言ってくださいました。

医療事故対応において、清水院長はいつも「当事者に謝罪する場を失わせてはいけない」「誤解を解く場を奪ってはいけない」と話していました。

病院が当事者職員を守ろうと配慮したことが、患者・家族の目には問題を隠しているようにしか映らなければ、結局職員を守ることにはならないからです。

つねに患者と医療者双方のことを考えて行動する医師でした。

実践のなかで日頃から精神的な面で深く支えていただき、多くのことを学ばせてくださったことを、あらためて感謝とともに記しておきたいと思います。

第一版の出版当時、中学三年生だった娘は二一歳になりました。現在、就職活動中（大学三年生）の彼女を見ながら、いまごろ理貴は高校を卒業して、次の進路が決まったころだなと思いを馳せています。この先も私たち家族は、季節が変わるたび、何かの行事ごとに、理貴がいない悲しみに暮れることがあるでしょう。

実際、七五三の兜やランドセルの広告DM、塾や予備校、男性スーツの案内書など、理貴宛の郵便物が、亡くなったあとも絶えず家のポストに届きます。理貴の想定年齢が年を追い変わっていく過程で、送付元も送られる内容も変化するので、受け取りを止めるすべもありません。理貴の名前が印字された封書を見るたびに、気持ちが事故の日へと戻ってしまう日々は終わりません。

それでも、この悲しい経験から、心ある方々との出会いがありました。新葛飾病院での私の取り組みも一二年目を迎え、これら多くの支えのなかで、自分自身、精神的にも強くなり、こうして今日があるのだと実感しています。

最後になりますが、病院長をはじめとする新葛飾病院のみなさま、そして患者・家族としての活動の場で、いろいろな側面で支えてくださったみなさま、ほんとうにありがとうございました。感謝の気持ちをお伝えして、ここに筆をおきたいと思います。

今回、『うそをつかない医療』が増補新版となって、ふたたび出版されるにあたり、亜紀書房のみなさまに心から感謝申し上げます。二〇一〇年以降のまとめを加味した新版という形にしていただいたことは、必ずや、私たちがこれから取り組んでいく活動への後押しになることでしょう。ありがとうございました。

豊田郁子

二〇一六年四月四日

本書は、小社刊『うそをつかない医療――患者と医療者をつなぐ仕事』（二〇一〇年）に一部修正を加えたうえ大幅に加筆した「増補新版」となります。

豊田郁子（とよだ・いくこ）

1967年東京・葛飾区生まれ。2004年まで17年間病院事務職として勤務。03年3月、医療事故により長男（当時5歳）を亡くす。東京大学医療政策人材養成講座「患者支援コース」に学び（1期生）、医療事故・医療安全に関する講演活動を始める。04年から新葛飾病院にセーフティー・マネージャーとして勤務し、医療安全対策室・患者支援室を開設。08年、新葛飾病院「患者支援室」が医療の質・安全学会による第1回「新しい医療のかたち」賞を受賞。テレビ・新聞等で大きく取り上げられる。12年、患者・家族と医療をつなぐNPO法人架け橋を設立し、「医療対話推進者」を養成する研修を開始。16年よりイムスリハビリテーションセンター東京葛飾病院に勤務。18年、東京で開催された第3回閣僚級世界患者安全サミットで登壇するなど活躍を続ける。

◎患者・家族と医療をつなぐNPO法人架け橋 理事長

◎患者の視点で医療安全を考える連絡協議会 事務局長

◎日本医療機能評価機構 産科医療補償制度 原因分析委員会 委員

◎日本医療安全調査機構 医療事故調査・支援センター 総合調査委員会 委員

◎千葉県病院局・日本医科大学・東京医科歯科大学・聖路加国際大学 医療安全監査委員会 委員

◎群馬大学医学部附属病院 患者参加型医療推進委員会 委員

◎一般社団法人 日本歯科専門医機構 理事

増補新版
うそをつかない医療
患者と医療者をつなぐ仕事

2016年 5月14日　第1版第1刷　発行
2023年10月6日　第1版第3刷　発行

著者
豊田郁子

発行所
株式会社 亜紀書房
郵便番号 101-0051
東京都千代田区神田神保町 1-32
電話 03-5280-0261
http://www.akishobo.com
振替 00100-9-144037

印刷所
株式会社トライ
http://www.try-sky.com

装画
佐藤 繁

装丁
瀬戸内デザイン

組版
大西寿男（ぽっと舎）

ISBN 978-4-7505-1470-3